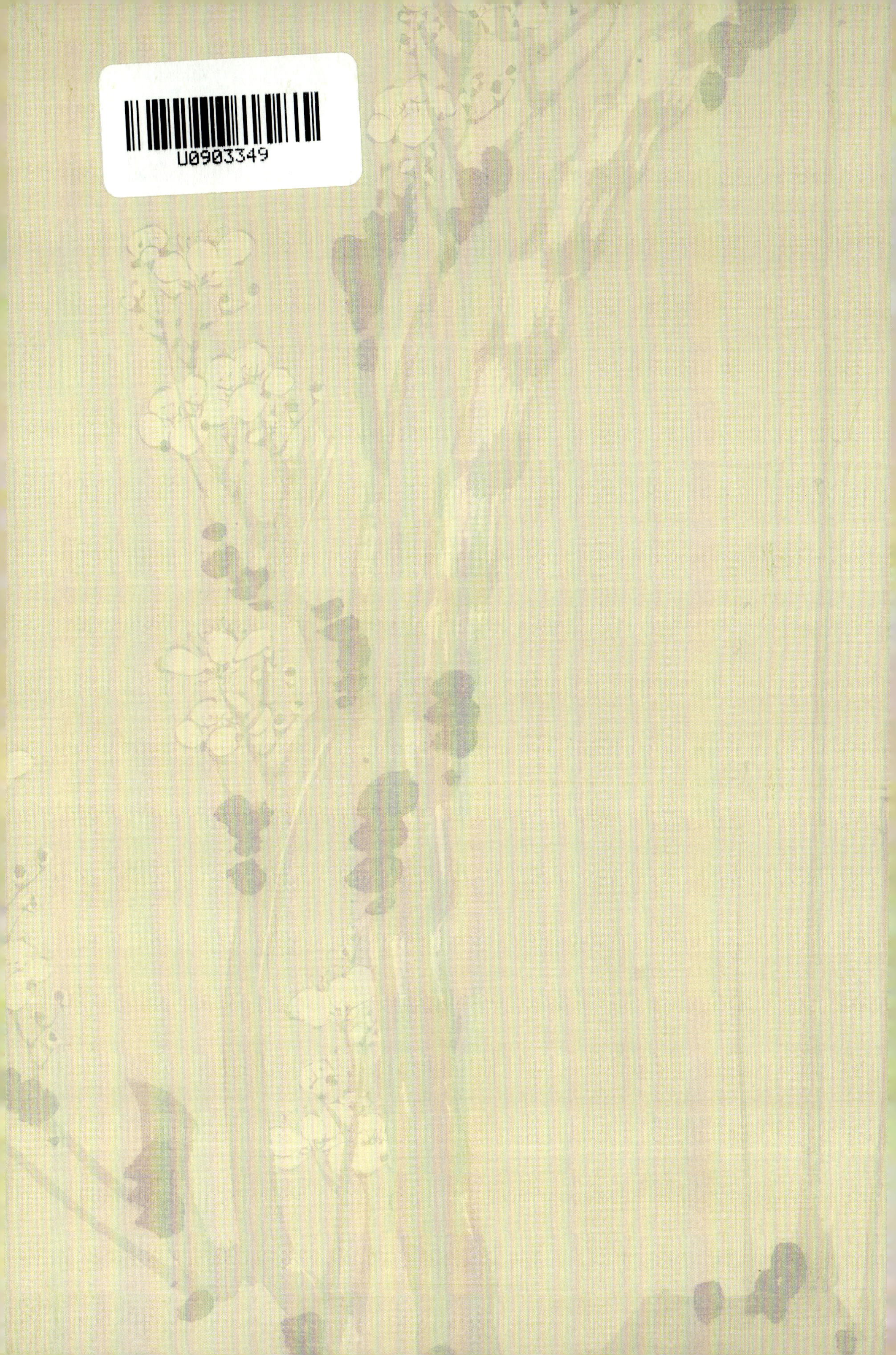

歷科廷試狀元策

1

〔明〕焦竑 輯 〔明〕吴道南 校

明崇禎世德堂刊本

江蘇大學出版社
JIANGSU UNIVERSITY PRESS

圖書在版編目（CIP）數據

歷科廷試狀元策：全二册 /（明）焦竑輯．— 影印本．— 鎮江：江蘇大學出版社，2019.10

ISBN 978-7-5684-1179-0

Ⅰ．①歷… Ⅱ．①焦… Ⅲ．①殿試—史料—中國—古代Ⅳ．① D691.46

中國版本圖書館 CIP 數據核字（2019）第 195703 號

歷科廷試狀元策（全二册）

輯　　者／〔明〕焦　竑
責任編輯／任　輝　董國軍
出版發行／江蘇大學出版社
地　　址／江蘇省鎮江市夢溪園巷 30 號（郵編：212003）
電　　話／0511-84446464（傳真）
網　　址／http://press.ujs.edu.cn
印　　刷／廣東虎彩雲印刷有限公司
開　　本／850mm×1168mm　1/16
總 印 張／54
總 字 數／432 千字
版　　次／2019 年 10 月第 1 版　2019 年 10 月第 1 次印刷
書　　號／ISBN 978-7-5684-1179-0
總 定 價／1800.00 圓（全二册）

如有印裝質量問題請與本社營銷部聯繫（電話：0511-84440882）

出版説明

現代漢語用『圖書』表示文獻的總稱，這一稱謂可以追溯到古史傳説時代的河圖、洛書。在從古到今的文化史中，圖像始終承擔著重要的文化功能。傳説時代的大禹『鑄鼎象物』，將物怪的形象鑄到鼎上，使『民知神奸』。在《周易》中也有『製器尚象』之説。一般而論，文化生活皆有與之對應的物質層面的表現。在中國古代文獻研究活動中，學者也多注意器物、圖像的研究，如《詩》中的草木、鳥獸，《山海經》中的神靈物怪，《禮儀》中的禮器、行禮方位等，學者多畫爲圖像，與文字互相印證，成爲經學研究中的『圖説』類著述。至宋元以後，庶民文化興起，出版業高度發達，版刻印刷益發普及，在普通文獻中也逐漸出現了圖像資料，其中廣泛地涉及植物、動物、日常的物質生産程序與工具、平民教化等多個方面，其中流傳至今者，是我們瞭解古代文化的重要憑藉，通過這些圖文並茂的文本，讀者可以獲得對古代文化生動而直觀的感知。爲了方便讀者閲讀，我們將古代文獻中有關圖像、版畫、彩色套印本等文獻輯爲叢刊正式出版。

本編選目兼顧文獻學、古代美術、考古、社會史等多個種類，範圍廣泛，版本選擇也兼顧了古代東亞地區漢文化圈的範圍。圖像在古代社會生活中的一大作用爲促進平民教化，即古人所謂的『圖像古昔，以當箴規』（語出何宴《景福殿賦》），明清以來，民間勸善之書，如《陰騭文》《閨範》等，皆有圖解，其中所宣揚的古代道德意識中的部分條目固然爲我們所不取，甚至應該是批判的對象，但其中多有精美的版畫，除了作爲古代美術史文獻以外，也可由此考見古代一般平民的倫理意識，實爲社會史研究的重要材料。

本編擬目涉及多種類型的文獻，兹輯爲叢刊，然亦以單種别行爲主，只有部分社會史性質的文本，因爲篇卷無多，若獨立成册則面臨裝幀等方面的困難，則取同類文本合爲一册。文獻卷首都新編了目録以便檢索，但爲了避免與書中内容大量重複，無謂地增加篇幅，有部分新編目録較原書目録有所簡略，也有部分文本性質特殊，原書中本無卷次目録之類，則約舉其要，新擬條目，其擬議未必全然恰當。所有文獻皆影印，版式色澤，一存古韻。

總目錄

第一册

第二册

第一册

國朝歷科

狀元策

世德堂員亭梓

一

皇明歷科狀元策序

狀元策者我
國家
列聖策士之
雄謨諸先達自獻之羔雉也歷
科以來

清問昭垂如綸如綍條答具在
臚列縷分累牘連篇千端萬
緒若籍籍手靡一總之諸先
達披攊
闕廷符券
明旨鉅可黼黻手

廟謨、細可斧藻乎幾務者也普
天薄海望而知其爲經世石
畫矣、吾輩可須臾去此帙哉、
曩金陵唐氏演次成帙、付之
剞氏傳布域中、已非一日余
三復卒業、領其謦欬、亦非一

自然猶囐近科二三策之未脩頊陪對公車謬次弱侯甫後聞嘗偕弱侯甫取舊本一繙訂之復取近科二三策而補葺之洋洋纚纚庶幾稱一代完策云蓋無令後之業是

編者復如吳生歸抱遺珠之

憾也，是爲序。

崇陰賵谷吳道南譔

臣魏藻德

臣對。臣聞聖人之治天下也。必有振肅天下之大法。而後
可以維久安長治之運。必有淪洽天下之大道。而後可以
課熙載亮工之庸。大法何以振肅。經之以文。緯之以武。令
順治之風從威嚴而日益著者。是也。大道何以淪洽。育之
以仁。正之以義。令親遜之誼從董戒而日益敦者。是也。有
法以彰道之用。故因時布令。因俗立教。使天下民風有所
懾服。士習有所儆惕。灑然丕變而無嚚淩詭誕之萌。有道
以立法之本。故令喻以恕。教設以神。使天下分聯於不忍
貳。情結於不忍離。油然莫解。而無塗飾扞格之象。古帝王
所以綏猷立極。建學明倫。而庶績繇之咸熙。萬方繇之寧
謐者。其道端不越此。如恃名法之詳。而絀禮樂教化之功。

徂聲容之盛。而鮮壽考蕃釐之實。則徒善不足以爲政。徒
法不能以自行。彼三季之代。古道闕微。人心渙散。而天下
脊脊多事者。有繇然也。興衰起敝。以迴既倒之狂瀾。揆本
塞源。以扶久頹之暮氣。端有望於今日矣。欽惟

皇帝陛下。

剛健中正。以時乘。

文武聖神。而廣運。

建五有極。四方遵彝訓之輝煌。

奉三無私。百度歸紀綱之肅穆。

寶冊銜青鏤之慶。歌重譯重潤於無疆。

靈壇展蒼璧之誠。禀日且日明於有赫。

遜志務時敏。修來罔懈。典學之心。法允符。

儉德懷永圖其節以通敦樸之醇風遠布

金華晝接爲明諧爲董正允矣疇咨訪落之休光

玉案時親乃啓沃乃論思展也辟雍明堂之盛事

征弗庭以靖國運籌無煩十扎白旄黃鉞敉寧已奏乎膚功

沛大賚以安民儲蓄預戒九年赤縣神州懷保遍施其膏澤

固已六五帝四三王莫罄臣愚之所得揚扢者矣迺猶

聖不自聖進臣等於

廷俯垂

清問咨以政教如用人詰兵理財平反之失苞苴貪殘舉劾

賢否之弊以至抽練栽練興屯褚餉保民四事之未臻實

效豪紳嚚士猋卒奸民之未戢亂萌一一

下詢至不憚

金殿再臨。瑤階降蹕。仰窺我
皇上求賢求言之切。眞不啻饑渴之殷矣。臣草茅微賤。何幸
躬逢
盛際。敢不披瀝葵忱。以效一得哉。臣聞之易曰。君子以教思無窮。容保民無疆。是君欲保民。未有不先教民者。教以孝弟。而父兄獲子弟之養。教以禮讓。而族黨有婣睦之風。教以詩書。而德行文章有眞品。眞才之造。就是小子成人循循焉。各謹門内之儀。而安子弟之職。豈復有頑梗之徒。起而走險。以自外于王化者。是教民正保民之要務也。又聞之易曰。聖人久于其道。而天下化成。是君欲化民。未有不期久道者。肄習久而有以移易其耳

目訓迪久而有以漸漬其心志深仁厚澤久而有以淪
浹乎肌髓使鼓舞變化於不自知繇是潛移默奪適適
焉各安耕鑿之恒而服庠序之義豈復有凌競之習出
而躍冶以自絕于生成者是久道實化民之至理也唐
虞命官敷教以來三代各典嘗誠重之矣我
太祖高皇帝肇造乾坤重闢日月而創制立法酌古準今至明
備已維時禮賢有館教民有諭約士有碑所爲萬世立
法程者固靡遺也
列聖相承重熙累洽率無二道我
皇上闡揚而光大之政無不舉教無不敷而朝夕糾虔不自
暇逸尤諄諄以
六諭小學孝經是重則化民成俗之心何如殷懇而時勢愈棘

太平未奏。誠有如

聖制所云者。臣伏而思之。夫政有政之文、有政之實。不得其實。雖井田周禮後世未免有弊。倘令大小臣工各能仰

體

皇上勵精圖治之思。而爭自濯磨。毋瞻徇。毋巧避。毋塗飾。必求事之實有裨益者何在。毅然爲之。則何政不可奏太平哉。教有教之文、有教之實。不得其實。雖飲酒讀法天下祇爲故事。倘今雍學師儒各能仰體

皇上愷悌作人之意。而爭相勸勉。毋尚浮華。毋聽狂逞。毋開奔競。必求事之實有砥礪者何在。設誠行之。則何教不可奏太平哉。一。用人也。必眞知灼見其人之果堪用者何如。而即爲破格用之。欠任用之則其人必以實心任

實事而無憂以虛文格奪掣其肘也一詰戎也必真知灼見其戎之急須詰者何如而即為選良將以詰之討軍實以詰之則其兵必以實力收實效而不致以虛伍疲卒冒其名也理財豈無長計乎莫要于重農與釐弊而已使人力歸地地利歸民而墨吏不得以耗之則賦入無虧財用可足矣輔聽何多寬民乎要在于持平與慎斷而已使輕重有典出入無失而酷吏不得以亂之則情罪既當而刑獄可清矣如是則苞苴貪殘之風敢有弗杜舉劾賢否之間敢有弗當者哉至若練兵急矣而議抽議裁似宜責令督撫酌其緩急而定為經制則唐臣李抱真練澤潞先臣戚繼光練薊門之成法可效也興屯急矣而墾荒水利似宜專設廉幹大臣相其地

宜而多方招集則漢人力田科宋儒水利齋之遺意可講也至于保民四事疊奉

嚴綸諒有司不敢以空文從事然非撫按監司時爲察覈務令修練儲備實實可恃能爲經久之計乎此皆欲既政之實而不徒既政之文耳以言乎教尤爲根本之圖焉

六諭頒矣夫有司非不奉行試問其善果能勸勸果皆善否如不實勸及于善恐民善未必興也試問其惡果能懲懲果皆惡否如不實懲及于惡恐民惡未必化也小學孝經非不群而習之矣試問士紳家果有如小學之學果有如孝經之孝者否如不能實盡其孝與學恐呫嗶無益士習未必醇也行間無知方之卒閭閻多從賊之民不

待言矣。伏乞
皇上端本澄源。以建中和之極。然後鼓勵諸臣。循名責實。則
政治教化煥然維新。太平何難立致哉。抑臣更有進焉。
自虜寇交訌兵荒疊侵。民生之憔悴至此極矣。管仲曰。
倉廩實則知禮節。衣食足則知榮辱。未有流亡轉壑救
死不贍而師儒之講禮説義可得而行者。禁止貪暴崇
擢廉仁。以恤疾苦。尤今日養民以教民之急務耳。臣草
莽無知。干冒
宸嚴。不勝戰慄隕越之至。臣謹對

國朝廷試儀制

三月初十日禮部尚書兼翰林院學士臣某等於

皇極門奏爲科舉事會試天下舉人取中　百　十名本年

三月十五日

殿試合擬讀卷官及執事等官少師兼太子太師吏部尚書中極殿大學士某等六十四員其進士出身等第恭

依

太祖高皇帝欽定資格第一甲例取三名第一名從六品第二第三名正七品賜進士及第第二甲從七品賜進士出身第三甲正八品賜同進士出身奉

聖旨是欽此

讀卷官

三閣下　六部尚書　吏部左侍郎兼翰林侍讀學士

詹事府詹事及少詹事　翰林院侍讀及侍講學士

都察院及大理寺官員共一十七員

提調官

禮部尚書及左右侍郎三員

監試官

監察御史二員

受卷官

翰林侍講侍讀及都給事共四員

彌封官

翰林光祿鴻臚都科部屬中書舍人共十四員

掌卷官

翰林脩撰編脩檢討及二都科共六員

巡綽官

都督至指揮武職共八員

印卷官

禮部郎中及主事共四員

供給官

光祿少卿寺丞及禮部主事司務共六員

恩榮次第

某年三月十五日早諸貢士赴

内府

殿試

上御

皇極門

親賜策問

三月十八日早

文武百官朝服侍立是日錦衣衛設鹵簿于

丹陛丹墀內
上御
皇極殿鴻臚寺官傳
制唱名
禮部官捧
黃榜鼓樂導引出
長安左門外張掛畢順天府官用傘蓋儀從送狀元歸第
三月十九日
賜宴於禮部宴畢赴鴻臚寺習儀
三月二十一日

賜狀元朝服冠帶及進士寶鈔

三月二十二日狀元率諸進士上

表謝

恩

三月二十三日狀元率諸進士詣

先師孔子廟行釋菜禮

禮部奏請

命工部於國子監立石題名

皇明歷科狀元姓氏籍貫履歷

太祖 孝陵

洪武四年辛亥吳伯宗 江西撫州府金谿縣人

名祐以字行治書庚戌江西解元登第授禮部員外郎性剛直不肯附胡惟庸坐謫未幾召還累遷國子監司業兼武英殿大學士不預閣務尋降檢討爲名臣○是科高麗先入試者三人惟金濤中式授安丘縣丞後以不通華言請還本國詔厚給道費送之尋爲其國相

洪武十八年乙丑丁顯 福建建寧府建陽縣人

字彥卿授修撰後發謫歸○按辛亥二月 詔各行省連試三年歲貢三百人迨癸丑二月 上以有司所取多後生少年文辭可采然試用之不能措諸行事遂罷科舉舉賢良至甲子復設科取士定子午卯酉之年鄉試辰戌丑未之年會試遵行至今不變

洪武二十一年戊辰任亨泰　湖廣襄陽府襄陽縣人
治易授修撰甚被寵任每召議事書襄陽任而不名歷
遷禮部尚書

洪武二十四年辛未許觀　直隸池州府貴池縣人
治易本姓黃字瀾伯一字尚賓文贅許氏遂從舅姓會
試第一名授修撰歷尚寶司卿禮部侍郎屬建文改
制又為侍中復姓黃靖難兵起觀在上江徵兵聞文
皇渡江已正大統乃朝服東向再拜投羅刹磯水中死
為名臣妻翁氏攜二女投于通濟橋下死今南京鈔庫
街立有三仁祠扁額一門忠烈

洪武二十七年甲戌張信　浙江寧波府定海縣人
字誠甫治書授修撰陪侍讀以教韓王寫杜詩含譏刺
及靳慕州御製二語得罪復以丁丑考試事誅之

洪武三十年丁丑陳䢿　春榜　福建福州府閩縣人
字仲安治禮記多材藝尤精
于象緯之術為一時名流

韓克忠 夏榜 山東兗州府武城縣人

字守信授修修撰國子司業

修明學政尋陞河南僉事

春夏榜考 時主考學士劉三吾紀善白信稻取宋琮等

五十一人中原西北無一登第者及廷試以

陳䢵爲首尹昌隆次之劉士諤又次之下第者以三吾

等南人爲言上怒命儒臣再考落卷中文理長者第

之於是侍讀張信侍講戴彝贊善王俊華司直郎張謙

司經校書嚴叔載正字董貫長史王章紀善周衡蕭揖

及䢵昌隆仕諤各閱十卷或言劉白屬信等以陋卷進

呈上閱卷益怒親賜策問取克忠等六十一人皆山

東山西北直河南陝西四川士也考官信等俱磔殺之

三吾以老戍邊䢵諤安置威寧惟戴彝尹昌隆得釋尋

取䢵諤歸爲司賓司儀署丞復殺之

世稱春夏榜以此又謂之南北榜

洪武三十三年實建文二年 庚辰胡廣 江西吉安府吉水縣人

字光大號晃菴授修撰 建文君謂其與漢臣同姓名

且云胡豈可廣更名靖尋入內閣 文皇登極復名廣

累官翰林學士兼左春坊大學士進文淵
閣大學士卒累贈少師禮部尚書謚文穆

成祖 長陵

永樂二年甲申曾棨 江西吉安府永豐縣人

字子啓治書廷對策幾二萬言不屬草 成祖奇之擢第一賜冠帶朝服授修撰仕至少詹事兼侍讀學士卒贈左侍郎謚襄敏○是科文皇欲求博洽之士命學士解縉採天文律曆禮樂制度爲問惟棨卷對荅詳盡上喜御批貫通經史識達天人有講習之學有忠愛之誠擢魁天下聰我文明尚資啓沃惟良顯哉○是科取士四百三十二名江西中式一百十名而吉安府占三十六是科人才莫盛于江西而江西尤盛于吉安云○是科以後狀元悉授修撰榜眼探花悉授編修○按癸未年禮部上言科舉舊例應子午卯酉年鄉試去年兵革倉卒有未及舉行者請以今年秋八月皆補試制曰可故會試改于甲申

永樂四年丙戌林環 福建興化府莆田縣人

字崇璧治書及第之明年陞侍講預修永樂大典爲書
經總裁官兩爲會試考官○是科取副榜舉人廷試之
擢周翰等三人俱賜冠帶讀書太學餘除學職宣德間
猶循此例至正統後副榜始不復廷試矣

永樂九年辛卯蕭時中　江西吉安府廬陵縣人

名可以字行治詩卒于修撰○按己丑三月當廷試會
上駐蹕北京詔禮部以所取舉子陳燧等寄監讀書辛卯
年車駕還京
乃舉廷試

永樂十年壬辰馬鐸　福建福州府長樂縣人

字彥聲號梅崖
治詩終于修撰

永樂十三年乙未陳循　江西吉安府泰和縣人

字德遵號芳洲治書甲午解元仕至少保戶部尚書華
蓋殿大學士餘有貞陷于謙併及循因謫戍尋赦歸卒
後又詔復官○是科會試主考梁潛取陳循第一以循
鄉曲避嫌改置第二而取林誌又以誌字難識取洪

英爲第一陳循次之而文秸居第六不然陳循
亦中三元矣○是科始詔天下舉人會試北京

永樂十六年戊戌李騏　福建福州府長樂縣人

字彥良丁酉解元原名李馬與壬辰狀元馬鐸同母異
父廷試後上改馬爲騏傳臚唱名莫有應者上道
其故乃出應
終于修撰

永樂十九年辛丑曾鶴齡　江西吉安府泰和縣人

字延年號松坡體吏治書由儒士
預修實錄陞侍講學士掌南院

永樂二十二年甲辰邢寬　直隸廬州府無爲州人

字用大累官侍講學士掌南院○上初取豐城孫曰恭
第一嫌其名近暴字曰孫暴不如邢寬擢寬第一以丹
書一甲第二名
一時稱爲異事

宣宗　景陵

宣德二年丁未　馬愉　山東青州府臨朐縣人

字惟和號澹軒累遷侍讀學士入內閣卒贈禮部尚書
謚襄敏楊士奇云宣德以前十五科皆南北士會試未
有北士居首選者
有之自丁未始

宣德五年庚戌　林震　福建福州府長樂縣人

字起龍治書及第後
以疾歸終於修撰

宣德八年癸丑　曹鼐　直隸眞定府寧晉縣人

字萬鍾號恒山事繼母以孝聞以癸卯楊授代州學正
上書願得劇職自効改泰和典史至是以督工匠赴京
請與會試詔許之遂登第第二人廷試及第授修撰歷侍
講入內閣典制誥日侍講讀累遷吏部侍郎兼學士正統
己巳隨征歿於軍中贈太傅吏部尚書兼
文淵閣大學士謚文襄改謚文忠爲名臣

英宗　裕陵

正統元年丙辰周　旋　浙江温州府永嘉縣人

字中規號畏菴以春坊庶子同考會試勤於事致疾尋卒

正統四年己未施　槃　直隸蘇州府吳　縣人

字宗銘在翰林日讀中秘書其力學之勤致行之篤大爲楊文定諸老所重踰年卒天下傷之秋論莊信甫角時有張都憲者令屬對曰新月如弓殘月如弓上弦弓下弦弓公應聲曰朝霞似錦晚霞似錦東川錦西川錦爲童子即奇如此○上取覽甚嘉擢第一使黃門密至其邸告之以有旨昔貢二甲第一名

正統七年壬戌劉　儼　江西吉安府吉水縣人

字宣化號時雨素官太常寺少卿兼春坊大學士卒贈禮部侍郎謚文介

正統十年乙丑商　輅　浙江嚴州府淳安縣人

字弘載號素菴右書宣德十年乙卯發解時年二十登第之明年以修撰入閣天順元年以兵部侍郎兼學士

竹石亭爲氏成化三年復召入十三年以少保兼太子太保吏部尚書謹身殿大學士致仕卒贈太傅謚文毅爲名臣

正統十三年戊辰彭　時　江西吉安府安福縣人字純道號可齋治春秋由儒士仕至少保兼太子太保吏部尚書文淵閣大學士卒年七十贈太師謚文憲爲名臣

景泰帝

景泰二年辛未柯　潛　福建興化府莆田縣人字孟時號竹巖成化間以少詹事居母憂值祭酒員缺士以潛剛方特起用以壓士論疏乞終制許之尋卒爲名臣

景泰五年甲戌孫　賢　河南開封府杞縣人

字舜卿累官太常寺卿兼翰林學
士致仕卒贈禮部左侍郎謚襄敏

英宗復位改元天順

天順元年丁丑黎淳　湖廣岳州府華容縣人

字太朴號朴菴官至南禮
部尚書謚文僖爲名臣

天順四年庚辰王一夔　江西南昌府新建縣人

字大韶號約齋治書仕至工部尚書卒贈太子少保謚
文莊○是科有下第安福縣舉人萬經奏同考官修撰
劉宣爲同縣人見黜上命禮部及内閣
試之文多疎謬　命御示禮部前華爲民

天順八年甲申彭教　江西吉安府吉水縣人

字敷五號東瀧治易己卯江西解元仕至侍講學士○
先是癸未二月會試場屋災試官俱越牆免舉人焚死
者九十餘人上憐之賜死者俱進
士　詔八月再試甲申三月會試

憲宗　茂陵

成化二年丙戌羅　倫　江西吉安府永豐縣人
字彝正號一峰治書　廷對頁刻萬言授修撰自疏閣
臣李賢不奔喪非是謫市舶提舉尋復官以疾辭歸卒
贈諭德諡文
毅爲名臣

成化五年己丑張　昇　江西建昌府南城縣人
字啓昭號栢崖歷官左春坊庶子因災罷歸大學士劉
吉左遷南京工部員外郎後以薦復原秩累官太子太保
禮部尚書致仕卒贈
太子太師諡文僖

成化八年壬辰吳　寬　直隸蘇州府長洲縣人
字原博號匏菴治書會試第一名累遷翰林學士掌詹
事府尋歷禮部尚書卒諡文定爲名臣

成化十一年乙未謝　遷　浙江紹興府餘姚縣人

字于喬號木齋治禮記甲午解元弘治中充經筵講官
晉加太傅吏部尚書武英殿大學士弘治末疏乞致仕
薦吳寬王鏊自代嘉靖初起戶部尚書進謹
身殿明年致仕卒贈太傅謚文正爲名臣

成化十四年戊戌曾彥　江西吉安府泰和縣人

字士美國子生
仕至侍讀學士

成化十七年辛丑王華　浙江紹興府餘姚縣人

字德輝號海日以儒士中庚子第二名官歷禮部侍郎
武廟嗣位逆瑾竊柄惡其不附己銜之遷南京吏部尚
書勒令致仕卒後以
子守仁貴封新建伯

成化二十年甲辰李旻　浙江杭州府錢塘縣人

字子陽號東崖治易庚子解元歷
南京國子監祭酒仕至南京吏部侍郎

成化二十三年丁未費宏　江西廣信府鉛山縣人

字子允號健齋治書由儒士仕至少師兼太子太師吏部尚書華蓋殿大學士三入政府卒贈太保謚文憲○是科禮部尚書周洪謨奏本年天下試錄文多乖謬乞追奪考官訓導黃李等聘禮行巡按提問從之

孝宗 泰陵

弘治三年庚戌錢福　直隸松江府華亭縣人

字與謙號鶴灘治書終于修撰

弘治六年癸丑毛澄　直隸蘇州府崑山縣人

字憲清號白齋晚更號三江治易歷官太子太傅禮部尚書卒謚文簡爲名臣

弘治九年丙辰朱希周　直隸蘇州府崑山縣人

字懋中號玉峰官至南吏部尚書卒贈太子太保謚恭靖爲名臣

弘治十二年己未倫文敘　廣東廣州府南海縣人

字伯疇儒士仕至右春坊諭德兼侍講正德癸酉主應天鄉試諱卒贈祭酒○是科會試副考學詹事府禮部侍郎程敏政問策秘甚人罕知者其故所取門生江陰徐經平日窺得之告於同年解元唐寅由是各策舉答無遺寅因自矜誇必得上第爲給事中華昶及林廷玉所論　詔逮敏政經寅俱下獄按問竟自誣服謫敏政家人得之獄成敏政致仕經寅俱充吏

弘治十五年壬戌康海　陝西西安府武功縣人

字德涵號對山授修撰尋以逆瑾鄉人故罷官家居嘗買維揚以混其迹

弘治十八年乙丑顧鼎臣　直隸蘇州府崑山縣人

字九和號未齋治易官至少保兼太子太保禮部尚書武英殿大學士卒贈太保諡文康爲名臣○初閣臣擬纔校第一因其策中有謂陛下在坤寧宮之時多在乾清宮之時少等語不可宣讀抑置二甲第充而顧遂得首

羅

武宗　康陵

正德三年戊辰呂柟　陝西西安府高陵縣人

字仲木號涇野治書仕至南禮部侍郎卒贈禮部尚書
謚文簡為名臣○是科焦芳子黃中二甲第一劉宇子
仁第四皆逆瑾黨也因刻黃中及三甲一名胡纘宗兼
俱授檢討尋改劉仁及邵銳黃芳為編修黃中再遷侍
講後瑾誅黃中仁為
民銳芳纘宗俱坐貶

正德六年辛未楊慎　四川成都府新都縣人

字用修號升菴治易及第後以議大禮不合謫戍滇南
博綜群籍為海內宗工卒於滇隆慶初贈太常寺少卿

正德九年甲戌唐皋　直隸徽州府歙縣人

字守之號心菴治春秋
仕至侍講學士卒于官

正德十二年丁丑舒芬　江西南昌府進賢縣人

字國裳號梓溪己卯以首諫南巡廷杖調福建布政司副提舉辛巳復官修撰甲申會議大禮再杖予　廷乙酉卒贈諭德謚文節今配享羅一峰祠爲名臣

正德十六年辛巳楊維聰　直隸順天府固安縣人

字達甫號方城治詩累官光祿寺卿○按庚辰會試[illegible]武宗狩于南京未及廷試逕明年　世宗登極始舉之

世宗　永陵

嘉靖二年癸未姚淶　浙江寧波府慈谿縣人

字維東號明山治詩爲經筵講官歷侍讀學士○己卯科宸濠變作遂輟鄉試壬午科應龍巡按江西上疏乞補增舉人名數上從之中式舉人一百九十名

嘉靖五年丙戌龔用卿　福建福州府懷安縣人

字鳴治治禮記仕至祭酒○先是舉人廷試進卷之日讀卷官以會試濫取數卷潛送內閣以備一甲之選或

內閣密覘狀元儀貌及平日有聲者且閣老官出自東
閣歸宿私第是歲禮部尚書疏其弊乞彌縫官不得隨
送卷讀卷官退朝直宿
禮部　上從之著爲令

嘉靖八年己丑羅洪先　江西吉安府吉水縣人

字達夫號念菴治書遷春坊贊善上疏論東宮事宣罷
屢薦不起卒贈光祿寺少卿謚文恭爲名臣○大學士
楊一清等以一甲羅洪先程文德楊名及唐順之陳束
任瀚六卷進覽　上一一品題於洪先曰學正有見言
讜而意必忠宜擇之首者於文德曰探本之論于名曰
能守聖學以爲本此知要之識于順之曰條荅精詳尤
盡于束曰仁智之說本諸吾心此不易之論于瀚曰勉
服教一之　爲上忠哉後一清等考庶吉士因唐順之任
瀚陳束爲　上御批因取首而盧淮等十六人次之
居數日有　旨近年以來每爲大臣猶私選取市恩立
黨唐順之等一體除用有才行卓異學問優正者吏部
舉奏收之翰林以備擢用○是科御史周易上言順天
試錄文裁改聖經且失體主考右庶子韓
邦奇降太僕寺丞左庶子方鵬奪俸四月

嘉靖十一年壬辰林大欽　廣東潮州府海陽縣人

字敬夫治詩儒士卒修撰○先是禮部尚書夏言上疏請正文體諸刻意騁詞浮誕猥裂者擯不得取　詔可既廷試言復令儀制郎約束諸咸拱聽而大欽獨後至不聞也策起不用冐而文氣甚奇吏部尚書汪鋐得之詫曰怪哉以示大學士張孚敬已定三名覽之曰雖破格甚明健可誦也取為第二既呈覽　上御批第一

嘉靖十四年乙未韓應龍　浙江紹興府餘姚縣人

字汝化號五雲治禮記卒于修撰○先是大學士李時等以取中李璣等十二卷進覽　上批答曰卿等以豈作一甲卷十二策來呈　朕各覽一周其上一卷說的正合題意夫周道善而備　朕所取法其上三說仁禮為川夫仁甚之禮成之亦甚得題意其上門論仁敬夫敬而能仁他不足說可以徐治矣其上二客泛而滞於行真下二都似議與與題不合言以時事故朕取之可二甲首餘則次撫去不知是否卿可先與禹原看一過也同讀卷官看行　上復御批首三卷于韓曰是題本意可第一甲第一名于孫陞曰說仁禮之意好可第二名

字吳山曰敬爲心學之
極此論如可第三名

嘉靖十七年戊戌茅瓚　浙江杭州府錢塘縣人

字邦獻號見滄治易仕至吏部侍郎○內閣初擬長洲
陸師道狀元　御筆批作二甲第五改袁煒第一文華
殿宣讀已出復　召大學士李時夏言學士顧鼎臣入
改煒第三擢茅瓚第一○是科禮部尚書嚴嵩劾應天
試錄批語考官既不填名事屬不敬又策題以國家祀
戎大事爲問所對語多譏訕主考官諭德江汝璧洗馬
歐陽衢命錦衣衛及逮治提調官府尹孫懋府丞楊騏
監察御史何鋐沈應陽南京法司究問同考官學正許
文顯等所在巡按逮問中式舉人不許會試後諭汝璧
廣東市舶司副提舉衛府雄府通判○又劾廣東所進
試錄如　聖諭　常雩四郊　上帝○俱不行提頭及
陳白沙倫迂岡之號有失君前臣名之義且錄中文體
大壞詞義尤爲荒謬宜治罪得　旨考官學正王本才
等布政陸杰等按察使蔣淦等俱　命巡按官逮問本才
責其禮幣御史余光命法司逮問仍通行天下提
學官嚴禁士子敢肆爲怪誕不遵舊式者悉黜之

嘉靖二十年辛丑沈坤　直隸淮安府大河衛籍蘇州府崑山縣人

字伯載治詩仕至祭酒爲御史林潤所劾
詔下獄竟死獄中

嘉靖二十三年甲辰秦鳴雷　浙江台州府臨海縣人

字子豫號華峰治春秋仕至南禮部尚書○時讀卷官已定吳情第一因北音吳字讀無　上曰無情豈宜居第一遂置第三而因盛旱結雷字乃拔秦鳴雷云○是科言官以翟鑾二子汝儉汝孝既聯中鄉試又聯中會試而翟鑾乃汝儉等師焦清與汝儉結姻皆得中式下是時主考左庶子兼修撰江汝璧及同考編修彭鳳歐陽曉及修撰沈坤之中陸煒署員外郎高節之中彭謙江一中皆以嫌故且追論癸卯順天主考秦鳴夏浦應麒阿附翟鑾之罪　上怒勒翟鑾免　詔杖汝璧鳴夏應麒各六十並黜閑住不敘坤仍舊供職一中樣年間廷試籍名罪汝儉汝孝奇勳清謙及鳳曉俱爲民○是科言官論順天鄉試冒籍中式者工部侍郎陸傑子光祚太僕寺卿毛渠子廷魁鴻臚卿陳璋子策及孫鎰等十三人得　旨光祚廷魁策姑存留不許會試孫鎰

徐鏊下宸濠降官及錦衣衛太醫院見任官丁任官照會
試鄭夢綱閻大壯沈請丁子載習鍾下陸可成俱許自
籍貫發回原籍入學肄業仍得應其鄉試內閣大壯收
名大順復舉戊午浙江弟四名又與子名淳乙亦同揚
○是科上以山東試錄第五問防邊策語含訕刺禮
部奏乞逮治　上曰各省鄉試出題刻文悉聽遴考
試官莫敢可否業經職司監臨事得專任
命逮治經杖死布政以下降邊方雜職

嘉靖二十六年丁未李春芳　直隸揚州府興化縣籍

字子實號石麓治詩仕至少師兼太子太師　應天府句容縣人
吏部尚書中極殿大學士卒贈太師謚文定

嘉靖二十九年庚戌唐汝楫　浙江金華府蘭谿縣人

字思濟號小漁治易仕至春坊諭德謫
任後以從龍舊臣加太常寺卿致仕

嘉靖三十二年癸丑陳謹　福建福州府閩縣人

字德言號環江治詩官修撰之明年
以公務謫推官擢宮中允丁憂歸卒

嘉靖三十五年丙辰諸大綬　浙江紹興府山陰縣人

字端甫號南明治易仕至吏部侍郎兼侍讀學士卒贈禮部尚書謚文懿

嘉靖三十八年己未丁士美　直隸淮安府清河縣人

字邦彥號後溪治易累官吏部左侍郎兼侍讀學士卒贈禮部尚書謚文恪

嘉靖四十一年壬戌申時行　直隸蘇州府長洲縣人

字汝默號瑶泉治書仕至少師兼太子太保吏部尚書中極殿大學士卒謚文定

嘉靖四十四年乙丑范應期　浙江湖州府烏程縣人

字伯禎號屏麓治書累官國子祭酒致仕後爲惡少所齮齕巡按邑令共爲搏擊竟自縊死○先是士習猜媮有代者有挾冊者有羣聚而通者是科詔增設監試御史二員特加嚴焉墩獲懷挾舉人十數名枷號禮部前各杖發原籍爲民

穆宗　昭陵

隆慶二年戊辰羅萬化　浙江紹興府會稽縣人

字一甫號康洲治易仕至禮部尚書贈太子少保諡文懿○時內閣取李長春王家屏田一儁已定矣內旨忽下二甲前進呈卷取萬化等而長春三人居二甲前云

隆慶五年辛未張元忭　浙江紹興府山陰縣人

字子藎號陽和治易仕至左諭德卒祀鄉賢祠

神宗　慶陵

萬曆二年甲戌孫繼皋　直隸常州府無錫縣人

字以德號柏潭治書仕至吏部左侍郎

萬曆五年丁丑沈懋學　直隸寧國府宣城縣人

字君典號少林治易官修撰未幾上書論首相張居正奪情起復不合移疾歸

萬曆八年庚辰張懋修　湖廣荊州府江陵縣人

字惟時號斗樞治易壬午年革爲民

萬曆十一年癸未朱國祚　太醫院籍浙江嘉興府秀水縣人

字兆隆號養淳治書累官禮部尚書東閣大學士○是科鄉試外議藉藉咸謂楚解元必首輔張居正次子會居正卒不果而復中式王篆子之衡應天亦中篆子之鼎篆居首媚觀也于是南給事中縱論居正前私其子嗣修懋修登第而併及篆二子文及監試主考等官有旨以居正篆俱削籍諸子俱勒爲民

萬曆十四年丙戌唐文獻　直隸松江府華亭縣人

字元徵號抑所治詩歷禮部右侍郎掌翰林院事衍議請謚○先是有闈大臣申時行等疑其宗道弟三陽道資第三而宗道卷屬大學士許國讀首楚上不懌置之二甲第一而援進呈試末卷舒弘志爲第三弘志遂

鄉應龍子年十九策奇麗而語多譏刺時政且貸言官之横者大臣惜而不敢竄置之前 上忽拔之中外翕然稱 上神明且得人也

萬曆十七年己丑焦竑 南京旗守衛籍山東日照縣人
字弱侯號漪園治書丁酉科以修撰典順天試考場中取士文多奇詭用老莊語論者因言中有關節編坐竑謫竑福寧州同知中式數人亦被革黜然皆高才博學文奇僻有之而關節未也至與子科中除議科場事宜亦及此謂宜以離經論而不宜旁及無根且正考已自認罪讀而偏坐尤爲謬濫也

萬曆二十年壬辰翁正春 福建福州府侯官縣人
字兆震號春陽治易以龍溪教諭登第歷禮部尚書兼翰林院學士掌詹事府事

萬曆二十三年乙未朱之蕃 南京錦衣衛籍山東茌平縣人
字元介號蘭嵎治易歷官南禮部侍郎今陞北吏部右侍郎兼翰林院侍讀學士協理詹事府事

萬曆二十六年戊戌趙秉忠　山東青州府益都縣人
字季卿號岐陽
治詩歷官庶子

萬曆二十九年辛丑張以誠　直隸松江府青浦縣人
字君一號瀛海治詩
選貢生歷官中允

萬曆三十二年甲辰楊守勤　浙江寧波府慈谿縣人
字克之號見阜治詩會
試第一名歷官庶子

萬曆三十五年丁未黃士俊　廣東廣州府順德縣人
字亮垣號振宇
治詩歷官洗馬

萬曆三十八年庚戌韓敬　浙江湖州府歸安縣人
字求仲號止修治易會
試第一名官修撰

萬曆四十一年癸丑周延儒　直隸常州府宜興縣人

字玉繩號挹齋治書會試第一名

見任詹事府右中允

萬曆四十四年丙辰錢士升　浙江嘉興府嘉善縣人

字抑之號御冷治書見任修撰○是科放榜後部人口

語籍籍謂會元沈同和不識一丁房考給諫韓光祜聞

之召同和至面試之果曳白韓郎上疏得旨三

法司逮問前四名係夾帶後三名係第六名趙鳴陽代

爲之沈遣

戍趙爲民

萬曆四十七年己未莊際昌　福建泉州府永春縣人

字景說號羹若治易會試第一名

見任修撰

天啓二年壬戌文震孟　直隸蘇州府長洲縣人

字文起號湛持治春秋授修撰

天啓五年乙丑余煌　浙江紹興府會稽縣人

字　號武貞治春秋授修撰

今上

崇禎元年戊辰劉若宰　直隸安慶府懷寧縣人

字胤平號退齋治詩經授修撰

崇禎四年辛未陳于泰　直隸常州府宜興縣人

字大來號謙茹治書經授修撰

七年劉理順河南杞縣人　十年劉同升江西吉安　庚辰年魏藻德

歷科狀元總考

狀元曾登解元及會元者一人

商輅

狀元曾登解元者八人

吳伯宗　陳循　李騏　商輅　彭教　謝遷

李旻　楊維聰

狀元曾登會元者八人

許觀　吳寬　錢福　倫文叙　楊守勤　韓敬

周延儒　莊際昌

狀元入相者十二人

胡廣 陳循 馬愉 曹鼐 商輅 彭時
謝遷 費宏 顧鼎臣 李春芳 申時行 朱國祚

狀元官至尚書未及入閣者十人

任亨泰 黎淳 王夔 張昇 吳寬 王華
毛澄 朱希周 秦鳴雷 羅萬化

狀元年少者十六人皆未及三十者

費宏二十 林大欽二十二 施槃二十 楊慎二十四
朱希周二十四 龔用卿二十六 羅洪先二十六 彭教二十六
謝遷二十七 秦鳴雷二十七 康海二十八 陳謹二十九
徐時行二十八 孫繼皐二十六 朱國祚二十五 周延儒二十未及五

狀元永年者二十人（皆六十以上者）

朱希周 六十二　謝遷 八十三　王華 七十七　商輅 七十二

楊慎 七十二　吳寬 七十　黎淳 七十七　彭時 七十八

費宏 六十八　顧鼎臣 六十八　劉儼 六十四　呂柟 六十四

毛澄 六十三　羅洪先 六十二　曾棨 六十一　秦鳴雷 八十

李春芳 七十七　羅萬化 六十一　申時行 八十　焦竑 七十

狀元不永者五人

彭教　曾彥　施槃　韓應龍　林大欽

狀元蔭後者三人

胡廣 子種入翰林　吳寬 卒後蔭二子

晉為因土木之變一子爲大理評事一爲修撰至英廟復辟又官其長孫爲錦衣百戶

狀元有謚者十八人

國朝狀元謚俱文惟曾公棨追謚曰襄施公槃傷謚曰莊朱公希周避謚曰恭

胡文穆廣　曾襄敏棨　曹文忠鼐　劉文介儼

施莊僖槃　商文毅輅　彭文憲時　黎文僖淳

羅文毅倫　張文僖昇　吳文定寬　謝文正遷

費文憲宏　毛文簡澄　朱恭靖希周　顧文憲鼎臣

申文定時行　唐文[illegible]文獻新靖

狀元父子兄弟叔侄翰林者一

費宏 從弟寀由庶吉士至禮部侍郎謚文□ 子懋賢由庶吉士禮部郎中

從子懋中正德辛巳探花

狀元父子翰林者三

謝遷 子丕弘治乙丑探花 費宏前見 倫文敘 子以訓正德丁丑榜眼

狀元父子元魁者一

秦鳴雷 子文弘治壬子解元

狀元兄弟翰林者五

曾鶴齡 兄鶴椿庶吉士 彭時 從弟華景泰甲戌會元選庶吉士

費宏前見 秦鳴雷 兄鳴夏嘉靖壬辰由中式

張懋修　兄嗣修萬曆丁丑榜眼

狀元兄弟入閣者一

彭時以太常寺少卿入文淵閣轉吏部尚書加至少傅致仕　從弟華由吏部尚書入東閣改禮部尚書致仕

狀元兄弟翰林官至一品者一

費宏少師吏部尚書　從弟寀正德辛未進士由庶吉士官至少保禮部尚書

兩狀元同胞者一

馬鐸　李騏長樂馬某娶妾生子鐸久矣妻妒不容孕騏而嫁之歸同邑李氏生子故以馬爲名中永樂丁酉解元是試後　上改馬爲騏一母而生兩狀元可謂奇矣

狀元祖孫鼎甲者一

曾鶴齡　孫追成化戊戌探花

狀元父子合三元者一

倫文敘由儒士中會元狀元　子以諒由儒士正德丙子解元　以訓由儒士正德丁丑會元榜眼○父子三人各占一元奇矣且父子會元又兩中鼎甲皆由儒士中也不益奇哉

狀元父子尚書者一

王華大宗伯　子守仁大司馬

狀元父子兩中元魁官至卿貳者一

謝遷成化甲午解元乙未狀元官至吏部尚書　子丕弘治辛酉解元乙丑探花官至吏部侍郎

狀元兄弟卿貳者一

彭時禮部尚書　華禮部尚書　禮工部侍郎華弟

狀元以儒士中者三人

王華　倫文叙　林大欽

狀元由卑官者二人

曹鼐由泰和縣典史　翁正春由龍溪縣教諭

狀元同榜得五相者一

正統戊辰科安福彭時以第三名中狀元　眉州萬安第二名

鄞縣岳正第一名以上三人皆首三名　博野劉吉　壽光劉翊

狀元同榜得四相者一

洪武庚辰科吉水胡廣　建安楊榮

石首楊溥　新淦金幼孜

狀元同榜得三相者四

成化乙未科餘姚謝　遷　吳縣王　鏊　大寧曹　元

嘉靖丁未科興化李春芳　江陵張居正　歷城殷士儋

嘉靖壬戌科長洲申時行　太倉王錫爵　鄞縣余有丁

萬曆癸未科秀水朱國祚　福清葉向高　晉江李廷機

狀元鄉試一榜得三大魁者五

永樂乙酉科福建榜莆田林　環丙戌狀元　長樂陳　全丙戌榜眼

莆田黃　瑒己丑探花

永樂庚子科福建榜長樂林　震庚戌狀元　莆田陳　中辛丑會元

連江趙　恢癸丑榜眼

天順己卯科江西榜吉水彭　教癸未狀元　泰和羅　璟癸未探花

寧都董　越己丑探花

嘉靖己酉科浙江榜蘭谿唐汝楫庚戌狀元　會稽陶大臨丙辰榜眼

蘭谿趙志皋戊辰探花

嘉靖甲子科應天榜旗手焦　竑己丑狀元　蘇州劉　瑊辛未榜眼

江寧余孟麟甲戌榜眼

狀元一郡同年得三大魁者一

洪武庚辰科狀元胡　廣吉水榜眼王　艮吉水探花李　貫廬陵

狀元一縣同科得兩大魁者五

洪武庚辰科狀元胡　廣　榜眼王　艮俱吉水縣

成化戊戌科狀元曾　彥　探花曾　追俱泰和縣

成化辛丑科狀元王　華　榜眼黃　珣俱餘姚縣

嘉靖乙未科狀元韓應龍　榜眼孫　陞俱餘姚縣

天啓壬戌科狀元文震孟　探花陳仁錫俱長洲縣

狀元一甲俱聯科者七

洪武丁丑科狀元陳　䢿　榜眼尹昌隆　探花劉仕諤

會元宋　琮俱丙子舉人

永樂丙戌科狀元林　環　榜眼陳　全　探花劉素會俱乙酉科舉人

永樂壬辰科狀元馬　鐸　會元榜眼林　誌　探花王鈺

俱辛卯科舉人

永樂戊戌科狀元李騏　榜眼劉江　探花鄭真俱丁酉舉人

正統丙辰科狀元周旋　榜眼陳文　會元探花劉定之俱乙卯舉人

萬曆乙未科狀元朱之蕃　會元榜眼湯賓尹　探花孫慎行俱甲午舉人

萬曆戊戌科狀元趙秉忠　榜眼邵景堯　會元探花顧起元俱丁酉舉人

狀元六世科第者一

柯潛　從弟燉成化丙戌進士僉事　德贊舉人推官　從侄拱北弘治癸丑科進士　侄孫英弘治己未進士知府　英子維熊正德丁丑進士工部郎中　維羆舉人知縣　維麒嘉靖癸丑進士戶部主事　維麒孫茂竹萬曆癸未進士　茂竹子景萬曆甲辰進士知府

狀元四世科第者三

王一夔　子綱成化辛卯舉人　孫順弘治癸丑進士太僕寺卿　鳳辛卯舉人　曾孫廷傑嘉靖己未進士大理寺卿

費宏　親叔瑄成化乙未進士參政　堉景泰癸酉舉人　瑞成化癸卯舉人俱同知　從弟宷正德辛未進士禮部尚書　親弟完癸酉舉人工部郎中　子懋賢嘉靖丙戌進士選庶吉士禮部郎中　從子懋中正德辛巳探花堉孫　懋文舉人知縣　從孫堯年嘉靖壬戌進士太僕卿文子

林環　子繼舉人教諭　從子恩承景泰甲戌進士知州　孫偃舉人教諭　伋舉人助教

茂達弘治壬戌進士副都御史忠承子 曾孫禋舉人知縣 禎舉人教諭

狀元三世科第者六

吳伯宗 文儀元鄉貢進士 子仲宴三河知縣

任亨泰 子顯宗永樂癸卯舉人 孫春景泰庚午經魁同知

秦鳴雷 父文弘治癸丑進士參政 親叔禮己未進士按察使 武正德丁丑進士 從兄

鳴春舉人員外 鳴夏嘉靖壬辰進士中允 從子懋德舉人 懋繩舉人員外 懋約舉人

黎淳 子民表成化甲辰進士參政 民牧弘治庚戌進士 從子民獻癸卯科舉人

民望乙卯舉人知縣 孫循紀辛酉舉人知縣 循典正德乙卯舉人御史 民望子

曾鶴齡 兄春齡丙戌庶吉士 子亨宣德丁未參議 蒙簡正統乙丑廉使 孫追成化

戊戌參政 迥舉人

北直隸狀元
曹鼐
楊維聰

張元忭 父天復嘉靖丁未進士太僕寺少卿 伯天衢壬午舉人濟南同知 弟元[illegible]癸酉舉人知州 天衢子汝霖乙未進士僉事 汝懋癸丑進士

南直隸狀元二十三人

許觀　邢寬　施槃　吳寬　錢福　毛澄

朱希周　顧鼎臣　唐皐　沈坤　李春芳　丁士美

申時行　孫繼皐　沈懋學　唐文獻　焦竑　朱之蕃

張以誠　周延儒　文震孟　劉若宰　陳于泰

浙江狀元二十人

張信　周旋　商輅　謝遷　王華　李旻

姚淶　韓應龍　茅瓚　秦鳴雷　唐汝楫　諸大綬

范應期 羅萬化 張元忭 朱國祚 楊守勤 韓敬
錢士升 余煌
江西狀元十七人
吳伯宗 胡廣 曾棨 蕭時中 陳循 曾鶴齡
劉儼 彭時 王一夔 彭教 羅倫 張昇
曾彥 費宏 舒芬 羅洪先 劉同升
福建狀元十一人
丁顯 陳郊 林環 馬鐸 李騏 林震
柯潛 龔用卿 陳謹 翁正春 莊際昌
湖廣狀元三人

任亨泰　黎淳　張懋修

山東狀元三人

韓克忠　馬愉　趙秉忠

廣東狀元三人

倫文叙　林大欽　黄士俊

河南狀元二人

孫賢　劉理順

陝西狀元二人

康海　呂柟

四川狀元一人

丁丑科 崇禎十年

皇帝制曰朕惟洪範八政首重在食

天生五材誰能去兵是兵食兩者固經世之大端也周制寓兵于農不出比閭族黨鄉遂之間而伍兩卒旅之軍師已具第司馬于農隙講武事而已當其時居是以守出是以戰田足以耕而食內順治而外威嚴何其盛歟後世籍兵以衞民賦民以養兵而兵與農遂分而爲二乃兵日驕玩民日凋敝古法豈不可復行歟漢初南北兩軍猶調諸農後增募期門羽林八校尉等軍而兵制擴唐貞觀中置府兵最爲近古漸更爲彍騎而虛弱日甚其沿革得失之政可得而縷陳歟洪惟我

太祖高皇帝肇造區夏首

加意留屯

勅五軍都督府言古養兵而不病農者莫如屯

命天下衛所督兵屯糧庶幾兵農兼務國用以舒又

諭兵部曰屯田之政可以紓民力足兵食邊方之計莫善于此

洋洋

聖謨垂慮深遠直駕漢軼唐與成周比隆可得而揚厲其盛歟

承平日久寖失初制各邊始仰給內帑年例日增濫觴不

可底止厭饟繹至締十載于茲適值虜寇交訌宵旰靡寧

惓惓于安攘大計撫哨不飭籌餉而餉之窮匱愈甚且耗

蠹莫可詰矣無將不傷練兵而兵之罷弱如故且增募日

踵詰矣民力不堪再加呼庚勢難姑待將何術而可即議

者未嘗不言清屯開墾而條飭徒申尚鮮寔效其故何歟

又有謂屯與鹽相表裏非盡復輸邊開中之舊制屯政必不能興其說然歟否歟且屯鹽固屬本計者又未濟目前抑別有生節之道否歟又在萬曆初間太倉之米足支數年今直無終歲之計兵食交詘未有甚于此時者也及今不圖後將何繼昔唐以建中之耗竭用一劉晏即能使國用充足而民不困救李抱真憂山東軍伍凋耗與屯鼓射不三年而兵精廩實遂雄視列鎮豈非實心任事之明效歟夫儒者動稱王政溥言富強今求一能為富強如劉晏李抱真之流而不可得亦士大夫之恥也諸士必有概于中久矣其悉攄所見以對朕將有採焉

臣 劉同升

臣對臣聞帝王之治安四海而承叙萬年也有經世之大

道養天下之元氣而成敦大之體有救世之大權振天下之神氣而奮明作之用何謂經世之大道安常可久守書一以宜民而不以補葺苟且開後世機謀術數之端然非迂遠而濶于事情何謂救世之大權通變不倦竭心思以裕國而不以膠柱執方隘王政酌盈濟虛之理故識時務而貴乎俊傑是故儒者言經濟則薄管商而不知能為管商者乃能不為管商也蓋管商非無學術可以治一國不可治天下乃其不為管商而豈不為富强抑儒者言事業則稱呂葛而不知有呂葛之心者不患無呂葛之才也蓋呂葛能忘身家可以堅一心即可任一世乃其不為呂葛而又豈為桀孔是故天下之治法不在法而在人天下之治人不在事而在心即古聖帝明王以之識功懋績此道

得也夫治國之事挈其綱紀舉其節目不過兵食數端是

興人任舍此而別言改[illegible][illegible]迂蹠不效而負大有爲之

君及可爲之時則黽勉勵勤端不望於今日矣欽惟

皇帝陛下

玄德建極

聖學集成

聰明睿知以有臨

嚴恭寅畏而無逸

曰肅曰乂曰哲曰謀道咸備而發圖書之蘊乃聖乃神乃文

乃武心廣運而開迪吉之先鳳德來儀歌功詠敘之景淑撫

舜絃則解愠蒼生

河清獻瑞覲光揚烈之精神陟禹蹟則敷教海表

郊禋歩禱念民力之普存蘄乎時和年豐宛然豳風之咏匪修

耕耤之舊文

太廟齋居維孝思之錫類逮于繼志述事遐哉天保之章皆寫

纘承之新德人稱

太平天子世頌

有道聖人乃稱

萬幾之遐進臣等於

廷諮以治道講古之兵疆食足今之兵驕食匱推原漢唐之

制考求

國初之規其亦有救時法

聖之恩乎臣卑茅無識然目擊時艱懷請纓之志切虚堂之[illegible]

久矣敢不效千慮之一得爲蕩蕩堯元之

獻夫國安崇文時棘尚武臣竊以爲過矣聖人安不忘危文武並重慮至殷也千古之談兵食者莫詳於孔子其曰足食足兵民信之矣大旨以兵食與民分爲三者則民之與兵不得而混之爲一也夫秉耜而耕者民也持戟而戰者兵也後之兵民不分并食亦不分驅市人而膏斧則病在兵抽丁籍而補伍則病在食簡壯丁以禦侮則病在民一者失而三失之也烏知卻萊墮費爲聖人之作用哉洪惟

太祖高皇帝混一華夷

成祖文皇帝定鼎燕薊數傳開平三犁虜穴雄略邁漢唐遠矣

列聖重光承平日久我

皇上英毅中興而奴插外訌流寇內擾調兵議餉歲無寧日臣庶皆曰賴

春等嚴明滅此朝食而度支告詘二軍有庚癸之呼熊威虎賁
未聞也更番無計七月有卒歲之慮鳥驚獸散可憂也在
昔
高皇帝勅五軍都督府加意留屯言養兵而不病農又其
諭兵部曰屯田之政可以紓民力足兵食邊方之計莫善于此
洋洋
聖謨萬世良法也夫漢南北軍易而爲期門羽林八校尉而漢
兵弱矣何以易之南北兩軍久而不足用故也唐府兵易
而爲彍騎而唐兵弱矣何以易之府兵久而不足用故也
南北軍之力不足用而南北軍之食不可問增一軍多一
食則漢之末流不徒兵法壞而餉法亦壞府兵之力不足
用而府兵之食不可問變一兵耗一食則唐之末流不徒

兵法壞而餉法亦壞然

聖制猶未盡紊也夫宋兵之弱殆又甚焉聚天下之兵於京師無一足用有急則遠望勤王靡天下之食於京師無一足恃多變則數括民力此尤弊極可爲殷鑒者乎

聖制曰開墾屯田條飭徒申尚鮮實效夫開墾之效實未易也

國初龍江之屯盛於前代其他郡邑往往有之一沒於勳戚之請乞一隱於豪右之侵占而田爲子虛之賦矣雖有趙充國棗祗屯于何所乎則亟之

令甲而限田之制可行也

聖制曰屯田與鹽相爲表裏宜復舊制夫舊制之復誠未易也

國初開中輸粟實邊利國通商往往稱便一壞于折色之小利一滯於竈戶之私販而家擅煮海之富矣雖有夷吾計

然而策何所施乎誠布之

功令而輸公之誼宜勸也

聖制曰建中之耗竭用劉晏而國用充足民不困敝何說也夫晏非第以心計爲長其經世之識有過人者即如用鹽法之吏皆選臺閣之才佐之而不委之瑣尾之士故染指風絕而國課自淸矣

聖制曰山東之凋刓用李抱眞而興屯較射三年兵精何說也夫抱眞非徒以勇敢著名其忠誼之心有感人者是時諸節度之橫獨其乃心王室而不貳而世爲干城之夫捍禦奸寇而唐室安矣彼二臣者豈非管商之流亞哉未必懷呂葛之心也而今之士大夫學堯舜之道率不與管商同功徵職者爲士大夫恥而士大夫亦自恥之也

皇上不負臣子臣子自負

皇上耳方今全盛之時㗇㗇焉憂兵憂餉而束手坐觀則

國體不壯惄惄焉憂奴憂寇而藏心規避則士氣益衰敵勢

馬肥守防何策東出西没剿撫何局獨令

宵旰自勤亦祿食驚心而討不忍出此者也夫屯政非一日之

功也而外省調兵僅循故事伏惟

皇上簡京營之員說汰老弱之耗糧以于謙之練團營者行之

此諸臣所不敢言而恐任德怨者也有臣如抱貞任一人

足矣

皇上念兩淮之咽喉恤五方之利害以周忱之久巡撫者處之

此人所不及慮而視為尋常者也有臣如晏任一人亦足

矣且皇上所賴者但理其用而已矣故不曰財而必曰用誠

知舊餉之何用則知新餉之費何爲邊議知額餉之何用

八八名鎮外之錯何爲

原書缺頁

原書缺頁

甲戌科崇禎柒年

皇帝制曰：朕聞帝王之治莫隆于唐虞，乃皋陶陳謨不出知人安民兩端，而謂能哲而惠，惟帝其難，何慮何慮也。又有謂堯舜知不徧物，仁不徧愛，急親賢之爲務，似偏重知人者，豈翕受敷施在敎，廣命討之先，而哲能官人，尤爲要歟？洪惟我

太祖高皇帝肇造區夏，

成祖文皇帝戡靖邦家，皆孜孜訪求賢才以圖治理，令內外諸司各舉所知，責成吏部甄別賢否，因材授職，都察院奏聞。又如六部官毋得輕調，藩臬遴用賢能，牧守須令久任。洋洋

聖謨，作述同揆，寔軼殷周而媲唐虞，可得揚厲其槩歟？

列聖相承，率遵茲軌，奕葉重熙，良非偶然之故已。朕嗣纘丕圖，甦

揚

先烈兢兢惟恐失墜第所與共治天下者士夫也今士習不端欲速見小效欲正士習以復古道何術而可奴倚本我屬夷地窄人寡一旦稱兵犯順而三韓失守其故何歟目今三協關寧以及登津等處各宿重兵防奴也奴不滅兵不可撤餉不可減今欲滅奴恢疆鄉何作用且流寇久蔓錢糧缺額言者不體國計輒欲蠲減民爲邦本朝廷豈不知之豈不恤之但欲恤民又欲飽軍何道可能兩濟即如鹽法誠生財之源屢條議申飭不見實效其故何歟至於漕糧爲三軍續命點乃爲戰障壅需折截掛欠遂失原額原制何道可復今雖東奴猖獗河套有可復之机邊外儘可作之事但難於奴賊窺伺朝野憂之近降夷繼至作何用處流賊漸逸鄭廣濟寇時擾浙閩剿撫不遑民雖孝已寮之水旱頻仍省直多故作何

撫馭消弭也又唐宋曾以武臣爲中書令樞密使文武似不甚分我

太祖高皇帝曾以宣廳爲布政與史爲僉都今奈何牢不可破爾多士留心世務久矣其遂欵對答無諱朕將親覽焉

臣劉理順

臣對臣聞帝王之弘先緒而隆大業也必其君以實事課其臣而後分猷佐理有百度維新之象必其臣以實心效於君而後政事修洽成一人垂拱之休何謂實事因職以察其能是也人不必問崇卑爵不必分內外而惟以職察其能賢者有以見長庸者無以覆短殿最適若蓍蔡而國家因以有紀綱何謂實心盡忠以致其身是也事不必問難易時不必問順逆而惟以忠致其身則智者無不竭之

才勇者無不殫之力。忠貞篤於堂陛。而人心乃以有分道。

蓋有實心。加能措寔事。而謀實事。政以求實心。唐虞三代

之所以熙庶績而聯一德者。此其道也。竊國家當平治之

日。淑令未強。而振舉之極易。然防微杜漸。聖人猶有憂焉。

益以為易而狃之者。治之所自隳也。國家承熙洽之後。情

搭日偷而靡頽之頽。鄭然拯溺濟否。聖人必且勞焉。益不

以為難而諉之者。治之所由茂也。慨然以用賢圖治為己

任者。眞大有為之君。而堯舜親見政在今矣。欽惟

皇帝陛下

剛健中正之咸備、

聰明睿智以有臨、

念念敬

持小心以保泰而豈弟彌性坐享四十七載之昇平

請大憝以亨屯而子孫君王駢集億千萬年之鴻祚固已發号用

鼓靜瀾恬波赫然稱綦隆盛際哉乃猶慮風俗之敗壞而紀綱

之廢失皝皝焉求所以肅人心維世道者進臣等于

廷俯賜

清問臣竊念本無足效前籌而幼學有懷敢不攄所蘊爲

明廷獻焉夫人心之不能無愒玩也非有以振肅之則玩者日玩究

將有極重不可反之勢世道之不能無陵夷也非有以維持之

則夷者日夷敝且有大敗不可支之勢故振肅維持之術舍紀綱

其誰屬哉周樸棫之詩曰勉勉我王綱紀四方蓋勉勉乃所以

綱紀也宋儒朱熹之言曰有紀綱持之于上而後有風俗驅之

于下蓋持之乃所以驅也觀始未嘗不修明而後漸以墜壞也

十

當其修明也君曰張皇臣曰懲蠱上下志同易所爲係泰也及其緊壞也君臣莫達臣曰當同上下異止易所爲係蠱也泰者通也不惟上下通而世道人心亦與之俱通道而蠱隨之平陂往復之運可忘艱貞乎蠱者壞也不惟國事壞而人心世道亦與之俱壞壞而治因之先甲後甲之事可忘振育乎漢興法度簡約恭儉嗣世而清淨畫一蕭規曹隨然而痛哭流涕之疏賈洛陽猶有寒心焉唐世貞觀鳴盛開元繼響而房杜姚宋同心輔政然而魏徵張九齡之言亦已負先見矣宋以忠厚開基亦以積弱怡乱而紹聖紛紜寔醸大禍千載上下關治乱興衰豈不以紀綱修壞固繫于精神之張弛哉

太祖高皇帝肇造區夏一洗胡元腥穢之習

成祖文皇帝再靖家難重廓日月繼照之勳六卿率屬各修其職文

武分貴不侵其權官方嚴飭如農有畔若威明辨如墻有垣士安于庠守本字之貞兵安于伍奉閫越之令吏耻舞文之智里無爭攘之風宛嚴之分炳若日星品式之守嚴于天澤煌煌乎大明會典一書真宰物御世之上理超軼漢唐宋而上之矣我皇上以首出之資紹繹大統纘承鴻業其修明政令以繼述祖宗之大法罔有愆遺

御緣之物庶幾化行俗美不替遺烈邇來乃稍不然者法守何漸隳也人情何滋玩也德意何以壅而不究也且詔令何以格而不行也陵夷之甚申飭莫救請就明問所及而極言之可乎夫職業之隸于位不可越也而今且蔑視之隄防之設于下不可潰也而今且侵軼之偏裨而犯大帥僚屬而抗官長則陵甚矣奴胥而傾有司亂民而掁富室則横甚

矣而且說士耶棄我東魯遁彼西竺是謂甚淫而且說民耶本后文綉倡優后飾是謂甚侈而且說官耶借人地以分畛域別好惡以生羽翼是謂甚競而且說國耶婦姑而忿勃谿同室而操戈矛是謂甚囂中于人心人心將日澆漓于世道世道將日潰昔人患燕堂茲不啻燃眉也昔人憂厝火今不啻燎原也失在紀綱果徒在紀綱乎將無上之任乎抑上與下交任之乎漢崔寔謂政寖以衰俗澌以弊在承平日久而專徼其主宋蘇軾謂紀綱頹壞由上下因循而交責其臣則今日梗概固可得而陳矣

高皇帝創業艱難宋業劉王日贊惟議居安思危之訓無日不申儆焉

文皇帝守以兼創三楊同心魚水歡洽宵衣旰食之勤畢世如一日矣以故提綱挈紀法立而不犯令行而不逆儼然蕩平立隆今

[illegible]御不聞各見之睟容輦奏虔閣莫徵止

輦之霽聽而考選幾同積薪長安坐累玉挂印列不與環賜無期

誰任紀綱之耳目而三公孑立大僚星參藝上不求會推弗允

誰任紀綱之股肱而

西席塵封不示開講之益諭教匪豫不重左右之選誰任紀綱之根本。又況惰竊成習積弛不奮人以官爲傳舍君泛梗之適遭官以事爲偶笴如遽廬之一宿彼此互推孰課其功前後相諉莫受其咎因循之過所謂上與下交任之者大抵一代之興開創則精明勃鬱累葉則頹靡不支一君之身初政則策勵交持末路。昏倦或乘猶之初氣銳終氣衰强弩之末不能穿魯縞猶之勁風疾靡風徐衝飆之餘不能起斷蓬然則反弛爲張操紀綱以振人心世道之失者其竅會可知也驟康莊者垂䩦委轡有時而仆念及于覆轍則羊腸或可爲安途涉鷁淵者棄楫亂濟有時而沒念及于楫櫓則瞿灝皆可爲順流特在我

皇上之一自振耳誠以人責事以事責功職業之司如典衣典冠各不相混而人何敢恣于職之外以名思分以分思義上下之定如乾尊坤卑各不相侵而人何敢越于分之內慎官師之任以廣厲學宮士有敢以淫慝者乎躬節儉之行以示天下先而人有敢以侈慝者乎明和衷之誼振師濟之盛則官方不競也一任議之途信賞罰之條則國是不嚚也一身之中天君定其主宰而五官百體靡不奉令以聽一家之中主人翁整頓其精神而亞旅彊以靡不執事以從將風移俗易夫世道人心而不翕然雍熙者未之有也以追

祖宗之休寧獨此，豈漢唐宋已哉？抑愚猶有說焉。夫人主一心耳，而
伺而中之者以千百。心書所稱成湯之聖也，有曰不殖貨利。心
至清也，一中于濁溷之財，而清白之氣愈昏，愈錮遂溢于人政
之間，而昏錮之[illegible]愈蔓愈衍，風俗敗而紀綱亦益以弛。獨不思
人主天下之身也，何天下之財非人主之財，顧乃以之昏心哉？
以
皇上明聖，遠邁成湯，而所願以[illegible]之貽[illegible]。臣蕘無知，干冒
宸嚴，不勝戰慄隕越之至。臣謹對。

辛未科 崇禎四年

皇帝制曰朕聞有一代之治必有一代之法前王作之後王遵之焉詩詠率繇舊章書稱監于先王成憲此物此志也乃有謂徒法不能以自行又謂有治人無治法然歟否歟三代之法莫備于周禮後世倣而　之反以滋弊其故何歟洪惟我

太祖高皇帝再造區夏創制立極於凡建官理財惇典庸禮詰戎禁暴通工柔遠靡不揆古宜今綱提目整即所稱六府三事允治萬世永賴曷以加焉可得而揚厲歟

列聖相承率循無斁重熙累洽以迄今茲顧時遠則玩惕易生玩久則初意寖失朕以寡昧獲纘鴻圖夙夜兢兢思所以祈

天永命覲

謨揚

烈一惟我
皇祖成憲是訓是遵乃紹庭徒切判渙未融戒諭屢申泄沓莫振非不言獎悟而躁競之習愈滋非不言旌廉而婪饕之風轉熾猶是民與賦也昔胡以公私兩利今胡以上下交困猶是屯與鹽也昔胡以邊腹灌輸今胡以軍商耗敝竭民力以養兵而索餉有兵選警則彈劾立見矣借撫賞以修備而循名有備覈實則虛餉如故矣綜稽以蠲弊而弊即在綜稽之中明罰以懲姦而姦反隱明罰之內諸如此類未易縷指豈果法之不可行歟抑行法者未得其要歟殆所謂必有治人而後能行治法其責安在朕遠慕勑
天喜起之歌思百工之所以熙庶事之所以康實有不容自寧者爾諸士目擊時艱有慨于中久矣其悉臆以對毋泛毋隱朕將有採焉

臣陳于泰

臣對臣聞聖人之治天下也必有以人維法之模而後疏附後先合以成粹精之理必有以法維人之盡而後禮樂刑政分以奏明作之功何謂以人維法有一法即有奉行此法者無人以奉行之則因仍漸失其舊故典章成憲皆法而率循此典章成憲皆人也何謂以法維人有一人即有綜覈是人者無法以綜覈之則班聯將溺其職故印纍綬若皆人而責成此印纍綬若皆法也法立則名必核其實言必課其功而人無以自遁揹之簡兵清餉理財用人皆挈其大而事事有條有理矣人得則任必先於議公必勝於私而法無之或替推之愛名惜誼恥爭好讓皆務其實而在在可建可豎矣故公私得以兩利遐腹得以交輸

就民可以養兵而民仍不病于賦就兵可以衛民而兵自不窮于餉則法自足以繩人而雖有躁競貪婪之思弗敢逞也人自足以守法而雖有因循沿習之陋弗敢仍也古帝王所以恭己無爲而收師濟之勳聲色不大而集臣鄰之益率循此道也光而大之端有望於今日矣欽惟

皇帝陛下

奉三無私

建五有極

乾斷執火風之鼎

晉光通山澤之咸

德協重玄猶集虛心於玉帙

治臻上理更勤濤問於金華

天出王游衍罔怠
事事孳
祖上下陟降惟勤
重農事而躬耕籍田薄賦輕徭不必陳七月之亂
勤問學而身親講幄月將日就非徒窮二酉之祕
建中和之極兼總條貫五百年金聲玉振久而彌光
一後先之揆遠遡淵源十六字帝典王謨操之有要允矣
太平天子卓哉
至道聖人固已六五帝而四三王矣乃
聖不自聖謙而又謙進臣等於
廷悉以諮之首推唐虞知人安民之謨仰追
祖因材器使之方以及奴酋之若何剪除流寇之若何撲滅兵

餉之若何遹顧軍民之交相利賴屯鹽之欲復其舊漕馬之必循其原而終歸于破格用人以臻平康大哉

王言員所謂訏謨定命遠猷辰告也草茅之士鬱積久矣敢不傾瀝對揚攄其葵藿以副

明問也乎臣聞國家之所與治者人也有人則天下治無人則天下擾人才之効用于國家者非一途也任得其人則無不治用違于才則無不擾堯舜之知天好生濬哲文明稱極仁極智矣而陳謨矢訓惓惓於知人以安民者則轉移天下之要樞固不出乎明哲揚歷之外也

太祖高皇帝肇造區夏

成祖文皇帝載靖邦家孜孜訪求賢才以圖治理令內外諸司各舉所知責成吏部甄別賢否因材授職都察院考察嚴覈

六部毋輕調藩臬選賢能牧守須久任何其用之殷也
專而慮之遠也創業垂統綏奠斯民興勲華無逸軌矣
列聖丕承奕葉重熙益
二祖以堯舜之心爲心故都俞賡于堂簾
列聖以
二祖之心爲心故拊髀勤于夢寐二百六十年治安如一日者非
偶然之故也我
皇上求賢若渴用人不次謂宜麟遊於郊鳳翔於邑借斯民於
協和風動之域乃數年彼奴窺伺於東插套挾要於西盜
寇之蔓延無已民庶之徵調未息金甌全盛之天下而有
捉襟露肘之形固宜有以煩
聖慮也噫嘻此孰非士大夫事而不肯捐忠宣力爲

國建戡定之績此殊不可解也夫四民之中士爲首厲磨之術士爲先離經叛道者黜而經術重巧蹻速化者擯而德行全士心定而後天下之治可次第而言也奴首本我屬夷羈縻無術遂至披猖一壞于四路之輕入而開鐵陷再壞於經撫之易爲而遼瀋危三壞于戰守之爭執而廣寧棄非奴能乘我我爲可乘耳誠以守爲戰反客爲主夜郎之強不及漢大未見長纓之不可請也流寇本我窮民積漸不已遂至蹂躪一窮於猗山之爲固而窩未易清再窮於各省之觀望而權不歸一三窮於移徙之無常而突不可禦非寇不可除我無以除之耳誠師出以律有進無退鼠竊狗偷假息旬餘未見一鼓之不可散也兵誠不可撤矣今日定營制明日更營制而兵終無一定之數則老弱

之不汰可乎訓練則鵞鸛成行鼓舞則鳳鶴助勁請以精之說易其撤可矣餉誠不可減矣今日請額例明日請壓欠而餉終無報足之期則虛冒之不核可乎守則四知之嘗嚴侵則一錢之罔貸請以核之說易其減可矣阡陌未嘗不墾也鹹鹺未嘗不煮也自抽屯補伍而耕種無人自貲贓乞討而耕種無地自商不輸粟而輸銀而開中之法壞自鹽壅於公復壅於私而度支之用窘則修屯政以復鹽法者不可以條議爲塞責也舟揖非不時往來也驗烙非不時申飭也自雨暘失序而漂滯可虞自包攬公行而弁蠹莫問自食之不盡其力而雲錦之色以減自策之不能達其材而馳驅之則罔闕則通漕糧而修馬政者不可以奉行爲盡職也果韓白之登壇何受降之城不可築果

劉韓之持籌何東南之賦不可闕果郭李之在邊何豢師者不可成臂指之用果龔黃之治郡何擿發者之不可成綏撫之功故天下不患多事而患人之莫肩其任也不患無人而患用之莫究其施也如必門第以取士停年以用人雖無雙之國士終受抑於胯下矣官人惟賢之義不如是也豪傑特出之資其可拘滯歟如必一眚爲大德之掩寸朽有合抱之棄雖三敗之孟明無以收功於焚舟矣使人以器之義不如是也鉛刀一割之用其可不珍惜歟當誦

高皇帝諭侍臣用人之道曰材大者當重任之材小者當輕任之又曰凡事勤則成怠則廢賢人君子盡心如此豈有廢事蓋所謂用人而又以課人俾用者抒其約結欲伸之氣而操

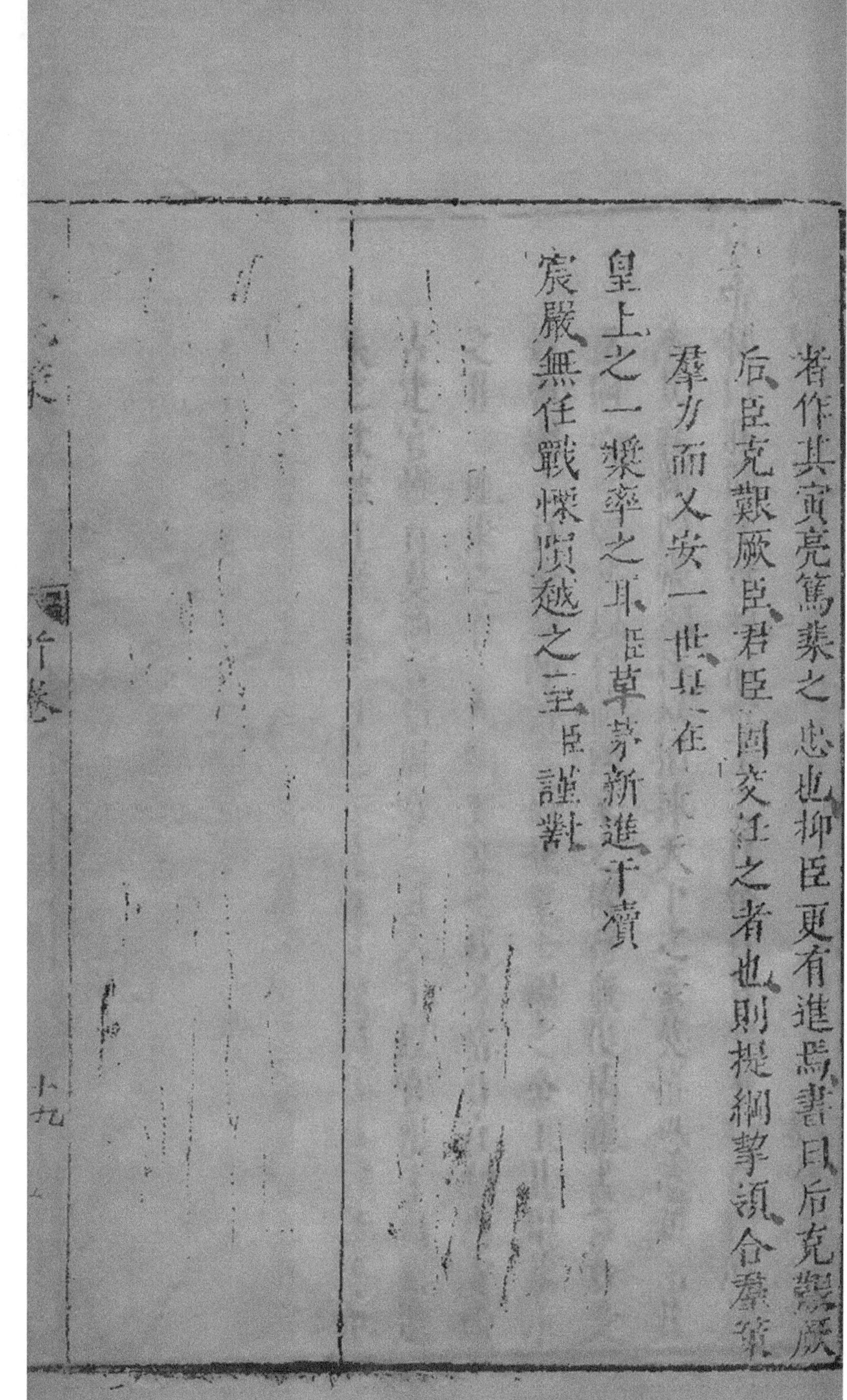

者作其實亮篤棐之忠也抑臣更有進焉書曰后克艱厥后臣克艱厥臣君臣固交任之者也則提綱挈領合羣策羣力而乂安一世基在

皇上之一舉率之耳臣草茅新進干瀆

宸嚴無任戰慄隕越之至臣謹對

十九

戊辰科（崇禎元年）　劉若宰

皇帝制曰朕聞任賢圖治帝王之首務自昔聖主賢臣相須甚濟其君闢門張綱務以招徠天下之豪英惟恐遺棄而其臣同心一德共以肩荷國家之機務無復猜嫌書言僉受敷施繼之百僚師師詩言幾幾髦士繼之金玉其相蓋求之非一塗聚之若一人歷世遞載考當日宰制唐虞稽古建官惟百夏商官倍周官三百六十以官限才付無遺佚之歎歟且唐虞之世已云萬幾三代損益事體漸繁如才不盡於服官將官必至於廢事而熙載亮工咸和丕冒其治理卓絕千古又何歟洪惟

太祖高皇帝即位初年分遣使臣訪求賢才共

諭侍臣有曰天地交泰以成庶類君臣相須以成治功又

曰任人之道譬之用器可任重者重任之可任輕者輕任之當

曰設官分職大約彷虞周之制度用能揭日月於重新維

天地於不墜直與唐虞三代比隆已朕替

謨烈之遺履剝復之運除奸去佞剔蠹流膏曠然欲與更始而紀法未盡修明蒼黎未盡寧戢其大者如奴孽漸勾西虜挿酋逼處宣雲遊彥授首倘稽閫寇鷄張無忌餉日耗於多兵乃洶譽又患兵少而且驕悍不前輒曰無餉民日困於加餉乃轉運又苦儩艇而且倭冒多端動曰在民當此兵民交困之日所賴大小任事之臣祇用是羅霖賢豪弓旌四出庶幾隱鱗戢翼咸際風雲顧所謂經文緯武之儔請兵理財之效倘未覩一二何歟將用不盡其才官或枉其用歟語曰將相和調則士豫附又曰百官和於朝萬民

和於野意者無猜無虞同寅協恭圖上臣矢報之精忠亦建豎功猷之根本也爾多士以新發之鋼讜候訪落之日其各寧意言之無諱

臣對臣聞帝王之臨馭宇內也必有振綱挈領之精意而後可以統攝萬幾分秩庶正奏雍熙之上理必有分條析目之實務而後可以因材用器量能任官綢繆鞏固之宏猷何謂綱領人主所謂默運於淵衷而鼓之以勵精操之以行健融融焉使四海並遊於庶績咸熙之世而不知經緯之何從者是已何謂條目人主所爲顯推之共任而照之以空鑒持之以平衡適適焉使羣工偕奮於百度惟修之朝而罔敢怠荒之或斁者是已惟有所默運於其中也故

臣劉若宰

百官寅協而治群力環拱而陳雖口代天言手代天工各自効其股肱耳目之寄而露雷風雨天不言而歲功成惟有所共任以爲用也故長短畢呈其技偏全各肖其形雖小而服采大而服休亦衆成其翼爲明聽之資而風虎雲龍聖人作而萬物睹古帝王恭已無爲而四方風動照臨有赫而百辟惟休用此道也藉令綱紐之自弛而徒責效於登庸則課職課功之權誰實司之即令品藻之不淸而但求功於殿最則量德量能之法誰實任之誠欲新檟弘開而綱羅畢効則任賢圖治之幾端有望於今日矣欽惟

皇帝陛下

剛建中正以立極

聰明睿智而有臨

曆數在躬帝謂予懷明德

乾綱獨振人言幸際太平

集岳牧於彤庭大法小廉共勵平康之治

備箴銘於紫幄清心寡欲特開勤儉之風

爲天下得人五百年傳築伊耕一卜金甌立召夔龍於左右

惟一念作聖億萬載鄒魯步重開玉帙欣陪孔孟於後先

雷霆震而天地清袪七日之叢神社鼠城狐頃刻咸消於見

晛

日月明而風雲會彙三朝之茅茹祥麟威鳳班聯共慶於卿

雲允矣偉烈豐功莫罄口揚筆述是眞可以四三王而六

五帝者矣迺猶不自滿假進臣等於

廷而悉以咨之如置輔陳殷之典畢能授職之規覩藏亮工之

猷咸和丕冒之化皆津津

下問靡遺而且勤惓於紀法之未盡修明蒼黎之未盡寧戢奴孽漸勾內虜挾詐偪處宦雲逆彥授首偷稽闖寇鴟張無忌兵驕餉乏民困運窮外屢疆圉之憂內勞輪輓之計殷殷

聖慮燎若觀火而

闢門之訪更及芻蕘此雖帝之疇咨王之訪落何以過也臣誦讀草茅雖時嘽徒勤而蒿目時艱翹首

明盛芹曝之忱蓋於葵藿久矣敢不矢心披瀝效一得之愚以爲

陛下獻焉臣聞之君猶天也天爲四時之宰而綱維斡旋之柄則大任之分布流行之用則四時任之故雨暘寒燠不一

其序生長收藏不一其功而要以四時不自爲用而爲天用此四時之効順也君猶心也心爲五官之令而樞環轂轉之脉則心任之左宜右有之資則五官任之故視聽奔走不一其役聰明靈運不一其能而要以五官不相爲用而爲心用此五官之稱職也夫人君者上之有論道經邦之佐而下之亦有理煩治劇之司豈曰克庭之乏人與然而人卽不乏也何以使振鷺之羽儀而皆爲登堂之篚籃且精之有考綜名實之術而嚴之亦有幽明黜陟之權豈曰選法之罔效與然而法卽非弗效也其何以使夏越之樽庖而終無易混之竽悉故恐八紘九籅以收之而收不勝收矣置兎亦有腹心寘鴻亦有羽翼海俊乂明庭之彦必皆阿濟之臯夔乎且三等五等以辨之而辨不勝辨矣

燕石皆能淆玉魚目亦可亂珠而旁求甄別之英必資膚
敏之輿髦乎是以唐虞稽古而有熙明疇釐之勳成周懋
建而見思皇克生之盛非其隆同寅協恭之誼與其嚴懋
功懋德之程也非其敦崇其正直之忱則其明率厲糾虔
之職也哉

太祖高皇帝靖滌胡氛肇闢區夏啓重明之日月定再造之乾
坤固已流唐漂虞滌殷盪周而其分職設官則綦布星羅
朝無倖位求材詢士則家夔户契野無遺賢觀其
諭侍臣有曰天地交泰以成庶類君臣相須以成治功此
堂簾拮臂之義真可垂
訓萬禩而又
日任人之道譬之用器可任重者重任之可任輕者輕任之雖

煌

天語再直一時登用之成規實千古勸俊之良法也

列聖相承恪遵

明憲用能維貞百度以世纘周禎

陛下烈纘鴻基光揚大業修明

祖制登庸剔臣工慮百職之偷惰則以各陳職掌

面諭之慮庶尊位之紛撓則以協力同心嚴

戒之欽承

堯舜之君快覩拜颺之盛此固宜人人自奮而事事畢舉也乃

猶有負瘝曠之羞而蒙叢脞失矜尊之誼而喙起爭鳴

誠如

制所慮者臣愚以爲事主之義同舟而共濟者也前者任職

後着任擠遇風而呼而猝阻不應焉洶湧澎湃之閧亦可以無患矣受臣之職同室而格鬬者也捨者護手捽者護足乘力而蹂而衆阻不齊焉周章勃窣之際亦可以俱生矣今夫以三尺之喙而使如沸如羹是徒以蠻觸爭也獨不可以和羹劑乎以五寸之鍵而使忽閉忽開是更以蟠蛑持也獨不可以興寇守乎一人而不必分兩人之用則勿使咸連鼓上而咸簇鼓下也此論而勿頻彼論之忝則無使佐饔得嘗而救鬬得傷也況夫陶之爲埏也其質固已定矣隨其質而稱使之安知用不等於金玉乎冶之躍金也其才自有餘矣取其才而善成之安知棄必同於尨礫乎騏驥不可以逐鼠粱驪不可以登犬則何爲以所短訓用其所長成施亦可以直鑄邊篠亦可以蒙鑄則何爲

以所取盡淹於所擯謂罢駑之馬必不以騕褭則古亦有
嘆約束無奇者何不寬於銖兩而嚴於課功網飛寓之翮
必不以弋慕則古正有念汗青無日者何不寬於搜逸而
追於責效夫然後嚴實之政可行也共謹不能爭攫奕之
座水土不必攘稼穡之成此亦可詢而問者已夫然後責
肆之典宜明也隨刊不必在羽山之殛斧斯無所逃蓋國
之懲此尤可詳而議者已材當則能必効功當則庸必奮
任久則績必著法嚴則令必行而更以
聖天子明鏡止水之心闢門推轂之用延攬俊傑登顓英良世
固不乏遺大投艱之材經文緯武之略皆爲
陛下羅而致之而涓埃可報肝膽寧私驅技彈窮駑駕才足策文
且何功不効何績弗成而倘有蹕虜屬吏其荒食賢之足

患哉且夫兵非乏也而用兵者乏未始有用用兵者也虎頭或瘦於生入而猿臂亦詘於數奇投石超距之英亦有自行伍而特簡者乎使其樂淮陰之擅稱南陽之勝更不必禁中嘆頗牧矣偏非賢也而任偏者賢亦未始有任任偏者也流馬既僨於轉輸饑烏更饑於錫喙營平建武之策亦有借前箸而深維者乎使知筆刀亦可佐閫中智囊亦足籌塞下則不必以量沙驚夜嚼矣此今日之兵窮而咎不在兵也亦不止一兵也偏賢而咎不在偏也亦不獨一偏也故爲今之計者惟虛心以任人而乃實心以任事則無論搢紳也雖代庖而亦可分局以授事而又合力以成功則無論壎篪也雖矛盾而亦可方今

聖天子側席下求諸臣努力請效而猶患有事與人違議與任

忖朝成夕毁左支右吾者則亦何以仰副
宵旰若渴之思而偷塞夙夜匪懈之責乎抑臣猶有進焉
泰交之景運明良交成之而其權實獨操之
元首故取人以身帝王之首務也
陛下躬修明德以爲賢士之標隱鱗戢羽皆望鵠赴之何令是
以勵其凝之績而成中興之治哉是在
陛下提其大綱一振而飭之耳臣草茅無知干冒
宸嚴不勝戰慄隕越之至臣謹對

評

亦整亦練如圭如璧真盛世之文
醇正如董疏宕如蘇讀之絶不見排比之迹所以爲佳

乙丑科天啟五年

皇帝制曰朕惟自古熙洽威嚴之世其君臣未有不同心一德交儆無逸者若虞廷之都俞吁咈殷宗之嚴恭寅畏周文之自朝至于日中昃不遑暇食蓋其盛矣故書稱無怠無荒四夷來王言圖治必勵精而化遠光乎近也我太祖高皇帝論羣臣有曰凡事勤則成怠則廢賢人君子盡心如此朝廷豈有廢事成祖文皇帝諭近臣有曰朕每外朝畢則取經史覽閱未嘗敢自暇逸卿等宜體朕此心相與勤勵無厭斁也煌煌聖訓直追蹤虞帝媲美殷周矣則夫廓清靖難之烈固本于一念之憂勤歟朕以沖齡踐祚撫有鴻圖早暮親賢春秋典學亦惟是廣詢治道思纘述光揚之爲兢兢而已迄

于今日業及五年凝精罔敢少懈勤政常如不及乃鳳儀麟育河清璽出似天爲降鑒矣而水旱頻仍災祲不已則儆予之天何凜凜也請纓志壯露布功高似衆咸用命矣而覆軍旋報鶩伏匪測則衛命之衆何紛紛也將朕之軫念徒殷德意尚未沛歟抑有司習爲竊惰奉行之未力歟將朕之宵旰徒廑推轂猶未當歟抑邊吏安于寢堂實政之不修歟夫竭百姓之脂膏以填三軍之谿壑則内病撤貔貅之保障以培閭閻之命詠則外病茲欲内外兼利聿臻至理遵何道而可爾多士學古通今目擊時艱尚籌所以振起積玩之人心鼓舞積頹之士氣畢有俾于安攘其盡言而無諱

臣余焊

臣對臣聞帝王之臨御天下也必有憂勤無逸之心默操於宥密然後臣庶之精神奮而國脉無頹廢之虞必有嚴肅不渝之法顯攝於寰中然後朝廷之憲典尊而國勢無廢弛之漸心之存也無事不有鑄淯何以防其微無時不有怠荒何以窒其隙非日宵旦皇皇而遂可與欽哉比隆法之行也近守之而遠未必遵何以稱畫一之治賤遵之而貴未必守何以服衆口之譁非日詔旨諄諄而遂可與勅幾比烈有心以操其法將天下曉然知皇衷之振厲如心君運而手足無痿痺之憂穆然端拱而令申昭於日星有法以運其心將天下肅然知方策之維新如規矩彰而方員無偏歌之患赫然出治而神功爍於霄壤此聖帝明王所以奠安中夏攘却外夷收順治威嚴之化於俄頃而

追唐虞三代之治於千秋繇此道也借心與法二法與心違即求治如不及而衡石程書之陋原無補於治功自古勵精之主不少而郅隆之理常遥則以聖明之出不偶而景運之開有待也欽惟

皇帝陛下

天表凝香

河清應瑞

嗣宗踐服際五百年氣運之中

累洽重熙承六七作聖賢之後

精義務明於郊社昭父天母地一氣之神

肅將特致於宮墻守重道隆儒萬年之業

明昫弗照如昧爽而驪至於日中南北東西無不思服

咸周弗加如殷雷之洊盈於震虩昆蟲草木無不知驚固已

德協重玄

治臻上理四三王六五帝矣乃猶不自滿假進臣等於

廷咨以同心一德交儆無逸之旨而遐慕乎虞廷之都俞吁咈

殷宗之恭嚴寅畏周文之日昃不遑若猶以今日之憂勤有歉於當年之惕厲者有君如此其忍負哉雖草茅呫畢之餘無當於

明廷經濟之實而

清問惓惓敢不披瀝以對臣聞君猶天也天以一元提化翕而四時五行各司其令天未嘗代四時五行而轉軸也天以一氣布玄功而風雷雨露各當其施天未嘗代風雷雨露而運樞也人君以一身處億兆臣民之上物物而調之精

不給也事事而理之力不逮也所恃以維持天下者不得不以天工寄之臣子故虞廷兢業而賡歌則曰百工起哉庶事康哉殷周無逸而風愆亦曰儆於有位君之不獨辟也自古記之矣但君無以率作於上則堂陛之精神不奮將以一人之逸豫而開滿朝偷惰之端偃仰居息之咎未可獨歸之臣也君無以節制其下則臣寮之心志不齊將以一事之寬假而啓後來幾倖之心蹇蹇匪躬之節又未可遽責之臣進惟君人者穆清之中必不敢以錦衣玉食爲吾身之安而念及作君作師上天之責任爲至重宮府之間必不敢以喜怒嚬笑爲一人之私而念及作福作威下民之觀聽爲至密如是而心既操矣法既運矣心操而乾健之職不渝凡此臣庶誰非踐土而食毛者而忍視其

焦勞乎有不率則鬼神之鑒臨有赫矣法運而乾剛之紐不弛凡此臣庶誰非懷德而畏威者而敢仍其玩愒乎有不悛則雷霆之擊斷不爽矣要使九重之志意常與天下相摻而三尺之威嚴顯與天下相攝書曰戰戰慄慄日愼一日此非其心之操天下者乎詩曰勉勉我王綱紀四方此非其法之攝天下者乎迨末世而治統幾湮矣其暇逸怠荒者無論即英明之主內多欲而外施仁義矣及在其能無逸也又或求治太急而煩策急轡以御天下天下益譁然而不敢服乃猥藉口於勵精之無裨不已過乎洪惟

我

太祖高皇帝肇造區宇還日月於中天其頒諭群臣有曰凡事勤則成怠則廢賢人君子盡心如此朝廷豈有廢事哉

成祖文皇帝再闢乾坤卜鍾虡於萬世其諭近臣有曰朕每於外
朝畢則取經史覽閱未嘗敢自暇逸卿等宜體朕此意相
與勤勵無厭斁也
煌煌聖訓方且媲美虞殷駕軼周文矣故當將天心仁愛而赤
子安樂樂利利之天邊鄙輯寧而朝廷受來享來王之福
一則是勵精之大有造於天下也我
皇上冲齡踐祚撫有鴻圖親賢典學勤且切矣而月者水旱頻
仍災祲不已覆車之徵時見於羽書伏莽之憂正深於虎
幄將以多難興邦殷憂啓聖爲
上慰乎臣又恐以勵精無效之說獲戾於
上也臣以爲當今之弊不在心之不存而在法之不立今摭
民之

詔屢下而有司之奉行何如閫外之嚴將推而邊吏之防禦何
如貪黷之懲不罰不嚴而倖漏於網者猶歧隨啟舫以資
緣其華秩敗官之戮不戮不爲不峻而巧逃於律者仍剌重濕
餉以自固其與援臣不知轉輸之風酌水之節昔何多而
今何少也又不知超距之雄搴旗之烈昔何有而今何無
也無是而
聖上之法何時得伸
聖上之憂何時得釋也夫欲安民生莫若重有司而欲精吏治
莫若嚴黜陟今之以循良而博華膴者果皆治平第一政
比祥鸞者乎抑亦徇於毀譽之物情而毀譽之間又徵有
以轉移之者乎欲平外患莫若重主帥而欲課邊功莫若
嚴賞罰今之以敵愾而勒旂常者果皆折衝千里比績鷹

揚者乎抑亦聽於慕府之文法而文法之間又密有以上
下之者乎此皆蠹
皇上之法而使勵精之効不得見於今日也
皇上銳意中興嘉與天下更始不於此時恪守
祖宗之法使天下洗心滌慮以成一代之休明天下更何賴哉
抑臣猶有
獻焉士氣積頹人心積玩誠有如
聖制所慮而虞之闕門殿之夢卜周之樸棫菁莪則皆帝王之
聲氣足以發山川巖谷之奇而合雲龍風虎之會耳今
講幄時親
睿修日懋古昔帝王有勤學如我
皇上者乎而經筵繙閱於深宮寂處之時猶不能不縈望於

皇上恭臣嘗竊聞我
聖祖之諭侍臣有曰人之一心操持甚難朕覺此心如禍敵然時時防閑尚未能也則平日存心之功無一息之間益可知矣至如親註周書之洪範類編聖學之心法論君臣行事于璧間書大學衍義于西廡存心之密至于如此誠
聖子神孫之所當取則也臣草莽微臣不識忌諱干冒
宸嚴不勝戰慄隕越之至臣臣謹對

天啓二年

皇帝御製曰朕惟自古帝王所爲摶捥乾坤匡扶世運者罔不於

文武二德爲兢兢帝堯乃武乃文蓋全德兼焉而舜

曰文明禹曰文命湯曰聖武周之文謨武烈各標其一之

數聖人豈千古世尊乎有偏指邪毋其於中有交相爲用

者歟夫陰陽柔剛仁義自有天地而來至于今不可廢也

洪惟我

太祖高皇帝首闢函夏

成祖文皇帝載奠邦家並提一劍馭軍而文治光昭于雲漢揭

六經訓俗而靈爽震疊於雷霆文繇武張武因文靖於都

哉洵追蹤帝堯而與虞夏殷周媲烈矣

奕葉相承紹天闡繹雖壅闕小警不無震驚然金甌卒以不搖

萬世永賴焉

列聖之威靈式寧之芳躅具在亦可得揚厲其槩與朕以沖齡嗣大歷服託于天下臣民之上日夜思所爲覲揚

光烈惟是講學勤政親賢愛民簡將治兵爲大務蓋干羽舞階鼓鼙思士實並圖維執事焉而蠢茲醜裔逆我顏行二年于茲竟未有能制其命者何也豈政教蘗而文德闕抑聲容盛而武功弛與夫禁旅之環萃目若也衛屯之棊置自若也班操之番更自若也明帶礪者百列第而居綰組符者專閫而控緬動云無將動云乏兵不獲已議調發而列鎮苦虛伍矣又不獲已議雇募而烏合驅市人矣落兵散如傳沙土著聚亦兒戲總帥耤之勳閥既縣禮之惟艱訓練寄之戚臣又典兵之有戒戔戔屬吻迄無成功說者以爲

承平日久左武右文故其弊至此然聞有文事者必有武備古六軍之帥即天子六卿用以內修外攘非歧塗也即如

先朝殪阿台馴也先羈順義芟逆藩創伊奴以及邇年東征西討之役咏車攻而歌杕杜者詎異人任毋亦惟是擇人而專責之可歟夫武之德七文之德十有一季世猶能道之矧任帝王茲欲省繁言以覈實審操柄以圖機赫然收順治威嚴之效用振也

祖宗為業何施而可爾多博古通今揆逆用之術雋矣尚根極體要明著于篇毋泛毋略朕將采焉

臣 文震孟

臣對臣聞帝王之臨御天下也必有光昭之文德而後聲

教誕敷可以建久安長治之規必有震疊之武功而後神氣丕振可以握順治威嚴之本文德何以光昭經之以仁緯之以義濬發之以心源融融焉敷賁於襲慶豪休之日而愈益昌熾者是已武功何以震疊運之以謀振之以畧折衝之以精神赫赫焉提挈於戶牖藩籬之外而無不鼓舞者是已有文德以植武功故綢繆必謹條畫必周而中外之奉靈爽以修憲度者自有所懾服而無廢弛頹窳之虞有武功以興文德故靡忠不服無人不懷而遐邇之承德意以布綱維者自有所奮發而無委靡荏弱之弊古帝王所以大寶凝庥而宇宙日新[illegible]操縱而神其用儼清端拱而朝廷常肅總綸類而握其樞繇此道爾藉令聲靈雖播根本光踈則出言不足以副情發號不足以明旨凝注

其何基焉而勢必潰敗而莫挽又或粉飾雖具振刷全弛
則綱紐積而欲解法制習而不靈張施其何秉焉而譏且
扞格而難操此德衰於宥密之荒寧功隳於廟堂之燕豫
而淳熙景爍之休所以寥寥罕覯也開明光之長運孜安
攘之洪猷正有望於今日矣欽惟

皇帝陛下

秉聰明睿智之資
備聖神英毅之略
繼離方始運符五百載之昌期
出震維新曆紹億萬年之正統
軫時艱而內帑屢發德意滲漉於垓埏
凝國寶而衆正彙征賢材布滿於中外

垂裳而貞百度心知血氣咸霑天覆地載之規
錫命以懷萬邦南北東西共惕雷厲風行之象
一怒安民雖邊徼多虞恬熙自遍於率土七旬振旅即干戈
未靖
神武行奏乎膚功追蹤唐虞媲美夏商在此日矣廼猶進臣
等于
廷諏以文事武備內修外攘隲前王之得失慨當世之凌夷
而究及於文德之所以闡武功之所以弛思以振積衰而
操長勝制六合以威四夷即帝之疇咨王之訪落不是過
也臣竊伏蓬蘿志願輸忠非一日矣方欲乘交泰之會獻
循否之謀以補
昇平於萬一然

請問諄諄敢不披瀝以對 臣聞之世治用文世亂用武此千古之雅言也兵戈日熾則馬上之治自蔑棄乎詩書承平既久則衣冠之流必輕藐乎鈐弁此亦千古之痛習也聖王知其然是以搶攘倥偬而講求治理使天下日涵濡養育於德教之中者無敢一日之懈故黎民於變而萬國咸寧臣庶協中而四方風動則皆文德之爲功也淸寧燕暇而克詰戎兵使天下日戒愼儆惕於太平之世者無或片念之媮故百辟懼慄而侵淩不作四方順軌而釁畔不生則皆武功之爲力也然文以經武則忠君親上之念卽寓於入孝出弟之民武以濟文則除殘去暴之雄寧越於戰衆安民之略文與武又皆交際而互爲用也自漢以降言文者秪爲治具之繁文而終不出於心精之流注於是時方

無事則君臣拱手以貌相承而猝遇傾危則平日之所施設者遂無一之可恃言武者亦僅聲容之末技而終不出於元神之鼓盪於是時際偷安則上下相蒙以幾僥倖而一當險阻則平時之所布置者總無一之足憑盖嚮大者不可以小道理勢重者不可以爭競擾故毀譽亂於善惡之實情慝奔於貨欲之塗而干紀作亂之事起元帥之威不行於偏裨偏裨之令不行於卒伍而河決魚爛之形成以雍容為太平以議論為能事而獸奔鳥竄之禍伏凡此皆文德之淪武功之弛三季之積弊而千載之永鑒也我

光

太祖高皇帝驅胡羯於中原復腥穢之土宇乾坤再造日月重

成祖文皇帝益紹述而光大之豈惟幽陬所指皆以混一區夏

實惟文告所被足以永致綦隆文繇武張武繇文靖所以奠磐石之安而開泰寧之治貽厥之謀貺模宏遠矣

列聖相承世守勿替河清海晏固多康平寧謐之朝而外患內憂間有震動阽勠之會然而削平底定不旋踵而宅於安寧即前代所視爲極厄之運無前之烈皆不動聲色而坐收之猗歟盛哉有以占

祖德入人之深而

皇靈之旁鬯即百千世未有替也

陛下沖齡御宇纘承鴻業薄海內外無不喁喁仰德化之普被懾神武之不殺迺蠢爾小醜逆我顏行破軍覆邶曾無寧歲徵兵則兵窮選將則將乏禁旅之環萃衛屯之恭置寧異於曩時而實兵而竅之不啻土羹塵飯之不可用也國家

歲縻數百萬金錢以養若輩而臨事竟不得其絲毫之用則亦安取此林林若若爲乎帶礪之列茅符組之分閫亦寧有異於盛時而委而任之不啻乳臭賁人之不可仗也國家世優數十百金紫以榮若輩而遍觀曾莫收其一二之用則又安取此桓桓者乎宜

聖心之愁焉以思而慨然有意於省繁言以覈實審操柄以圖機也臣則以繁言之省莫若先定是非之衡蓋今之所謂是非者皆毀譽也毀譽之極至於周公新莽不能定而千秋定評竟無有是新莽而非周公者惟其實焉耳事必有據據必有見聞見聞既確而鏤空索影之談自知其不售矣故覈實正所以省繁言也臣又以爲操柄之審莫若先斷刑賞之平以舜之哲惠知人既口何畏於驩兜有苗而

卒不貸刑於四凶惟其當焉耳天下固有刑一人而億萬人勸賞一人而億萬人服者此正事機之竅繁若始於紊果終於不信遂至不公而激揚天下之柄於是乎窮矣故圖機正所以操柄也繁言既省而在位者咸思舉實以自効募兵則實有其兵遴將則實有其將何至有烏合之慮而鼙鼓之思操柄既審而當事者咸思秉機以自奮廟堂則有廟堂之機疆埸則有疆埸之機何至有兒戲之虞而深紈袴之戒

主恩固結而一時之情面悉化為肝膽

皇威振耀而百司之顧盼盡轉為擔當局內無猜共效同舟之濟師中奏吉坐收仗鉞之勳此信可旋至而立效者矣抑臣尤有進焉

陛下之尊猶天也天未嘗不借四序五行以成其穆穆而穹昊
之森嚴不專在四序五行也天亦未嘗不借霜雪雷霆以
彰其赫赫而明盛之彰燁亦不專在霜雪雷霆也
陛下親賢使能濟濟充庭矣而孰可爲相孰可爲將孰可治民
孰可理財
聖心其有區別乎講學勤政時時勵精無斁
朝祇奏引之文
講幄少獻替之實
中旨有斜封之漸外庭鮮伏蒲之功
聖慮亦嘗猛省乎此皆文經武緯之原而光昭震曡之本也臣
未敢臚舉
先朝盛事即

神祖四十餘年西平寧夏靖倭北市虜南滅播此亦皆勍敵寧易剪乎而渡師衽席之上奏功談笑之間同此生齒何嘗憂無兵同此人材何嘗憂無將此無異故

神祖乘積強之緒人心固是當振勵之餘而

陛下繼久安之祚法制政令正頽靡之候也破以持之斷以決之精明以運之剛毅以操之文德誕敷武功丕顯天下引領望之矣草莽愚臣不識忌諱干冒

宸嚴不勝戰慄隕越之至臣謹對

己未科　萬曆四十七年

皇帝制曰朕惟自古帝王興化致理政固多端而振肅人心維持世道則必以綱紀爲首務詩云勉勉我王綱紀四方先儒之論亦曰善爲治者先有綱紀以持之於上而後有風俗以驅之於下然則御世宰物術莫要於此歟三季以還惟漢唐宋歷年最久英君誼辟代不乏人當其時所爲立經陳紀以成一代之治者亦可指而言歟我

太祖高皇帝肇造區夏

成祖文皇帝再靖家邦制度典章超越千古固可傳之萬世無弊者朕纘承鴻業紹述罔愆御極之初政教修明化行俗美猶庶幾

祖宗之遺烈矣何邇年以來法守漸隳人情滋玩德意壅而不究部令格而不行中外雖勤陵夷日甚在位者以恣睢爲豪舉而職

業則虧在下者以干犯爲故常而隄防盡潰甚至偏裨侵大帥僚屬抗長官奸胥誣奏以傾有司亂民煽禍以擾富室冠履倒置名分蕩然其他驕淫僭踰之風跳競囂陵之習不可悉數蓋綱紀之紊至今日極矣其故果安在歟漢人謂天下所以不理常由人主承平日久俗漸衰而不改而宋人又謂紀綱墮壞皆由上下因循此其說孰爲當歟抑君臣皆交任其責有不容他諉者歟夫更化善治貴識因革之宜起敝維風在妙轉移之術茲欲當積弛之餘返極重之勢使法立而不犯令行而不逆綱紀正風俗純以復我

祖宗之舊如之何而可爾多士學古通今習當世之務深矣尚各攄所蘊明著於篇以佐朕之不逮朕將親覽焉

臣莊際昌

臣對臣聞帝王之經理宇內也必有渾然畫一之法顯與一世爲勵盪然後風俗美而國脈永享其靈長又必有炳然振刷之神默與一世爲綰結然後政立化行而國勢不虞于頹敝法以維衆則紀綱寔首操之爲事之繫爲物之準源焉合人心道道而獨屏其會不可一日廢焉者也神以維法則上下且分任之權舉之繫挈物之總攝爲先立綱陳紀而翕轉其机不可一日廢焉者也法之創也慮後常周至蒙休襲故而安生恃恃生怠視前王之成憲若可聽其自爲行自爲止漫無操而治日以隳法之紀抵觸世常勤至臨政日久而習生玩玩生慢視故府之彝章又若任其可以行可以不行過自操而治竟以聚夫惟法與神兩相附使守成之規常若創始之業而舊章率由無愆忘惟法與神常相運使化成之後常若履寶之初而大號渙汗

無斁格上作之下日成之翼爲明聽以康庶事股肱喜哉元首起哉未有主憂勤而臣曠職者上制之下且守之德澤法度以範人心道術一矣風俗同矣未有朝飭法而下梗化者古聖帝明王所以陶冶人羣牢籠寰宇有頓指挈領之勢而無委靡駘銜之失典化致治超越千載者道必由此矣欽惟

皇帝陛下

大德膺福維祿位名壽之兼隆

至仁生威暨東西南北以胥服

憫人窮而尊官分賑不徒推循虛名

念軍興而發帑齎頒多並髎續小惠

在師錫命懷萬邦以振長策而雷厲風行之象遍訖遐荒

正位垂裳法乾坤以大猷而天覆地載之規函蓋華夏

念東南杼柚其空而以約已省躬爲事
慮西北干戈未靖而以籌邊遠爲心
文德旁敷偃群工輯瑞而面與咨詢立通民情於黼座
武功遐鬯當醜虜臨城而躬先保障再奠四海於金甌已
吏習民安垂萬世永遠之模内寧外攘陋往代偷安之轍
矣而猶
聖不自聖
新期日新進臣等於
廷諏以揆古宜今之畫綱提目整之猷更緦緦焉於判渙之
未融泄沓之莫振誠制治于未亂保邦于未危之極思也
臣雖伏草茅竊懷葵藿敢不披瀝以對臣聞之君猶天也
天道雖冥冥而生長收藏寒暑代禪不僭不忒一若有稟

于成法者是則天之治人而人不能違也君道雖穆穆而
禮樂刑賞生殺予奪不競不絿一若有歸于定法者是則
君之治人而人不敢軼也故唐虞之世君明臣良而其交
儆賡歌惟曰率作興事慎乃憲所謂憲者豈非法與所謂
慎者豈非君與臣交守之與所謂率者豈非君先之而臣
後之與其時府修事和地平天成萬世永賴賴此法也降
而三代各師其祖夏稱有典有則商稱監于先王周稱文
謨武烈皆不敢有獻替舊章之心亦各毖其臣夏稱臣人
克有常憲商稱唯治亂在庶官周稱其爾典常作之師皆
不敢忘董正治官之念是以官倍唐虞亦克用乂則人與
法之相維者得也我
太祖高皇帝掃蕩胡腥肇造區夏真可自我作法而所恃以提綱

挈領維風易俗者毫不自用也其建官之法本之周官
卿職掌各有攸屬用人則問之冢宰理財則問之度支典
禮則問之宗伯詰姦禁遠則問之司馬司寇鳩工庀材則
問之司空載在
會典者詳明且盡大抵賤虛名而尊實效惡浮議而責成功
流唐漂虞絛殷蓋周眞非前代所及
列聖相承代有闡繹至我
皇上覲揚獨至雖以
聰明睿智之資惟有率循成憲之念宜下之遵之者各以一
皇上之心爲心尊奉
皇祖之法爲法而顧躐等成習玩職掌而不循泄沓爲風屢諄誡
而莫惕非不獎恬誰是眞恬者非不旌廉誰是眞廉者獎

以口舌爲功不以職掌爲事則其害必移之民而軍商俱困公私兩窮誠有如聖制所慮者臣以爲法在則事事可考法明則人人可遵賦有賦法昔未嘗以病民而今胡有畏催科之令者豈賦法得其人而後善與屯有屯法昔嘗以之養軍而今胡有嘆石田之不可耕者豈屯法得其人而後復與鹽有鹽法昔正以之通商而今胡有受壅滯之害者豈鹽法得其人而後行與故時久而玩生玩久而蠹生以致初意漸失者非法之凌夷也奉法者自凌夷之也因時而思補救因事而除弊端必期振刷如初者亦非法之修明也奉法者自修明之也有顯爲法蠹之人或借賦以剝民或借兵以尅餉不辭婪墨之名不耻躁競之習上得執法而繩之其爲蠹也

淺有陰爲法蠹之人剝民也而猶託于愛民剋餉也而仍詭于清餉行婪墨而語清廉身躁競而曰恬靜拜與其法而竊之其爲蠹也深惟夙弊即在綜稽之中故反以綜稽爲名然則欲搜夙弊者必先使綜稽之名無爲人所託一託之則七日不復之叢神也惟積蠹即伏勅法之內故及以勅法爲名然則欲清積蠹者必先使勅法之名無爲人所假一假之則出以示人之利器也且今日之時何時也索餉則有兵過警則無兵循名則有備覈實則無備況醜虜入內地而未受創懲他虜因狡酋而思挾重貲東南之物力有限西北之出孔實多忽忘及此不啻同處漏舟矣而徒有讙讙譁譁之狀何也豈陋隋之念終不敵其門戶之念耶思及此不啻羣居厝火矣而更多論論訛訛之象何

也豈君父之念終不易其身家之念耶蠹法之事易除玩法之心難除

皇上欲舉一世之人心而振刷之亦去其玩而已蓋不提人君父之思不足以去身家之念而不先去身家之念亦不克提君父之恩也不動人邊陲之慮不敝以平門戶之爭而不先平門戶之爭亦不克動邊陲之慮也抑事更有

獻焉臣法君君法天有勑天惟幾之虞舜而後九德咸事百僚奏庶績之凝有仰惟前代之周王而後六卿分職兆民被康阜之實

皇上者臣工之法也

天地

祖宗者又

皇上之法也凡兵民之相資公之相濟與腹朝野之相需其

端無不求之於

天心之仁愛而況

祖法犂然具備取而修明之固甚易易也以不邇不殖之心風勵

臣下則素絲羔羊之節著矣以無偏無黨之念倡率羣工

則漁丘集益之門宏矣又何治人治法不交維哉臣愚不

識忌諱干冒

宸嚴曷勝戰慄隕越之至臣謹對

皇帝制曰朕聞天下雖安忘戰必危兵非聖人所諱言也書稱克詰爾戎兵又曰張皇六師夫當成康極治之朝而其臣即惓惓以此告之豈文事武備經國者並重而振旅之威舞干之化二者固相須歟洪惟我

太祖高皇帝肇造寰區以武功定天下即位之後釋甲韜弓開一代文明之治然而固本之訓居安忘備之戒每諄諄焉其爲萬世治安慮至深遠也可得而揚厲其盛歟朕嗣纘洪基勵精上理四十四載于茲邇雖深居靜攝而安攘大計無日不惕于衷閒嘗明詔執事整飭營務慎固邊防簡將練兵博求制御長策而承平日久法弛弊滋申令徒勤情玩如故京營號稱禁旅居重馭輕之意寓焉而尺籍空存士卒疲羸至不勝

甲冑猝有緩急將何所恃歟遼左延綏勁兵所自出頃歲大虜闌入肆行蹂躪而防禦之術未聞此豈兵之不足歟抑教養無素雖有兵而不得其用歟夫兵以食為命無食是無兵也今司農告匱給餉不時荷戈乘障之夫動稱枵腹識者方懍懍脫巾是虞望其出死力以扞疆圉胡可得也議者欲修屯政以省轉輸練土著以資戰守似矣而行之終鮮實效何歟無亦右文之世難以講武而克詰張皇之治卒不可致歟茲欲振積衰之勢操常勝之權俾國家神氣日張足以威四夷制六合其何施而可諸士志切匡時抱先憂之畧久矣尚詳著于篇毋泛毋隱朕將采而行焉

臣錢士升

臣對臣聞帝王之御區宇也必有綜覈之經制而後有備無

患可以建久安長治之防必有兢業之精神而後居安慮危可以握順德威權之本何嘗邀倒綢繆其牖戶慎固其藩籬廓廓焉撥飭在邊閫封守之外而罔敢玩愒者非已何謂精神祈嚮于廟堂戰勝于密勿穆穆焉操挈在赫聲濯靈之先而無不震悚者是已故不可將者兵而不可去者亦兵也可以千年不用者兵而不可一日無備者亦兵也兵而常試則玩玩則黷是爲不戢自焚而天下受驛騷虛耗之害兵而無備則弛弛則廢是爲以安忘戰而天下多猝起竊發之憂夫惟以兵衛民無耀武觀兵之意有風行雷動之威而騎士材官皆腹心干城之用卒有緩急眞與若子弟之悍父兄矣夫惟以食足兵無枵腹脫巾之呼有士飽馬騰之實而金錢子粒皆簡練召募之資一有徵發眞與若一身之使臂指矣古帝王所

以垂衣恭己而居國祚於泰山之安戢羽舞干而奠疆圉於
金甌之固者以有此備也故有文事者不忘武備以緯武乃
所以修文也欲治兵者必先治餉以足食乃所以足兵也誠
國家之神氣暇安攘之全功端在今日矣欽惟
皇帝陛下
聰明睿智
文武聖神
駿烈同天任南北東西無不思服
深仁必世凡心知血氣莫不尊親
止孝止慈惇千古之彝常建其有極
得名得壽備五福之純嘏敷賜庶民
深居恭默而清靜寧一坐收四十四載之昇平

攬魁權而建威銷萌肇固億萬斯年之根本
謹天戒則步禱郊壇責己憂深於雲漢
軫民艱則興發內帑渙居豐慰於甘霖恭歡雍咏于德澤已滲
漉於垓埏而臥鼓弢弓威靈在藩服乎東夏可以坐享恬熙
無俟秦皇之戒從容樽俎即伸撻伐之威矣乃猶安不忘危
進臣等於
廷訊以安攘之大計兵食之要領而究及於惰窳之弊端實效
之終勦思所以振積衰而操常勝制六合而威四夷豈以草
茅書生有習韜鈐而嫻軍旅者乎臣至愚陋然抱藿食之謀
久矣仰承
清問其敢不披瀝以對嘗聞之易曰君子以除戎器戒不虞自
古國家未有忘戰而不危者黃帝曰雖有金城十仞湯池百

步帶甲百萬而無粟不能守也亦未有有兵而可無食者昔有虞誕敷文德卒格三苗說者以爲振旅班師之效而不知兩階干羽正寓用兵於不用之中則兵未嘗廢也三代而下兵制莫詳於成周嘗攷周禮大司馬以九伐之法正邦國中春教振旅辨鼓鐸鐲鐃之用中夏教茇舍辨號名之用中秋教治兵辨旗物之用中冬教大閱立三表教坐作進退之法無事則蒐苗獮狩皆在民間有警則比閭族黨即爲卒乘故其時兵即爲農而無養兵之費農即爲兵而有練兵之實至成康之世業称重熙累洽而不曰克詰則曰張皇閔然若有意外不測之慮此周制所以獨詳而後世莫之及也洪惟我

太祖高皇帝掃除胡虜肇造寰區以武功定天下即位之初釋甲橐弓開一代文明之治而固本之訓居安忘備之戒每諄諄

焉

成祖文皇帝定鼎燕京二百年間雖己

巳之變震驚乘輿戊戌之警蹕徹大內而虜旋悔禍弭耳乞

盟至隆慶間俺酋以舐犢之愛爲鴞音之懷納款貢市至今

不絕我

皇上覲揚而光大之海波不驚桴航狎至玄菟樂浪之境天戈指

而即平日草紅花之姦一怒行而立殄蓋武功之盛真足媲

美

二祖曼絕百王矣而承平日久法疏弊滋京營之尺籍徒存遂延

之虜警猝發操閱僅塗飾之文而超距之勇有幾噪呼在肘

腋之近而庚癸之絕時聞內外兩虛兵食俱窘誠有如

聖制所言者臣伏而思之

國家兵制京營邊衛戎籍不下二百萬度支歲入不下四百萬按籍稽兵按兵給餉未嘗苦不足也且兵以徵餉餉以贍兵兵減則餉宜溢餉匱則兵宜增何至兩者俱受其不足之勢而莫爲濟虛之策則臣知其故矣語云木不茂者蠹在內卮不滿者漏在下兵未嘗不足也增額于兵之外愈弛於兵之內而兵始苦不足究且轉而病餉餉未嘗不足也增額於餉之外愈冒於餉之內而餉始苦不足究且轉而病兵則蠹與漏之弊耳今欲振積衰之勢而講而足之術臣以爲兵不期多期於當用而已餉不期省期於覈實而已今京營除占役竄名外括之止得六萬而此六萬又非強有力可備緩急者也春秋常操按籍具在然而射不能穿魯縞力不能勝匹雛雞鳴而駕未日中而罷如傀儡之登場類角觝之劇戲卒有

非常則此六萬人者安所得一卒之用而費百萬金不爲羸弱長子孫之資哉景泰中先臣于謙於三大營中選精銳爲十營命將團練而歸其老弱于伍一時兵政赫然改觀今誠就見在作實數擇驍勇之帥最爲簡練其有老弱應汰伍市兒應點者法無赦而清汰之缺即以補四方之召募者總之額外無增額內無冒練一兵即得一兵之用故一精兵足敵冗兵伍而兵自强餉一兵即有一兵之實故一實餉足省虛餉十而餉自給推而行之九邊債帥家丁歲可省冒濫百萬兩足之術計莫先此者然就餉論餉臣以爲莫如屯田便夫屯政從來久矣充國行之金城棗祗行之許下杜預行之襄陽韓重華行之振武單誠行之邠寧何承矩行之河北皆足以裕軍儲而省輸輓

國初屯種龍江後用宋訥守邊策設法屯有守關士卒外人受田五十畝賦粮二十四石其區畫何詳也永樂間寧夏何福積穀獨多至下

璽書褒諭之天順間葉盛撫宣大用官牛官田法墾田益廣以餘粟易戰馬修城堡其收利何博也迨其弊也而抽屯補伍之害興於是力役愈煩本業漸失而無屯之軍矣債帥攘奪之害興於是私其腴區委其磽瘠而無屯之地矣邊隙陵夷之害興於是虜騎從橫侵擾禾稼而無屯之衛矣上下杭惕之害興於是墾屯者不見阡陌之巡督屯者不課倉廩之實而無屯之精矣屯政廢而乃始仰給於度支儲胥安得而不竭輓輸安得而不困今邊臣披額而請者視嘉靖時不啻數倍大司農仰屋竊嘆至借支於水衡開寺以支吾旦夕之急亦

扼襟見肘矣臣以爲屯田故額什一猶存即多隱占而隱脫遙隔有隨占隨棄者莫若專委一大臣久任而責成之沿邊曠土募民開墾但期荒蕪日闢不必紛紛清勘以滋厲階至地遠而勢孤者必如趙充國所云乘塞列隧虜大攻不能爲害而又有山阜以望遠濠塹以限隔營壘以休息遊兵以巡哨則無擾田之害收耕田之利可以積豊於垣士飽於伍內省餽餉外足軍儲斯非兵食兩足之長策哉抑臣猶有窃進之

獻振刷不在功令而在精神制勝不在疆埸而在廊廟是以命徂征者必先有無怠無荒之儆戒而後四夷來王詰戎兵者必先有罔兼罔知之治人而後海表咸服伏望

皇上法天行之健繼離照之明從退藏肇斂之後時迅以風雷當

於恬玩愒之時先提其志氣時

御平臺煖閣與二三大臣共商安攘之猷講兵食之策則精神一

振經制立新內治而外寧文經而武緯雖與唐虞三代並隆

可也卑草茅無識干冒

宸嚴不勝戰慄隕越之至臣謹對

癸丑科鄉薦四十二名

皇帝制曰朕惟帝王治天下未嘗諱言理財今財用至乏之已其所

由然大者無過于餉邊次乃治河餉邊自嘉靖而前歲額不及

百萬胡至今日而溢至數倍古之軍興牽挽給也用如充國之

金城棗祗之許下杜預之襄陽韓重華之振武畢諴之邠寧何

承矩之外北皆灼有明效未易更僕即我國初屯政修明塞下

充實成規固在也近歲因臣僚之請朕申今所司加意修舉而

竟無奉行明詔為國家省轉輸之費何古今人之不相及歟將

毋偷安習玩以御給內地為固然而莫肯陳力歟夫治河者稱

禹功以為萬世永賴然當禹之世去禹僅數百年而從都以避

河者三周漢而下河決無寧歲所為永賴者何居我國家都燕

漕道所經故其苦河患視前代特甚水衡金錢糜于宣房瓠子

之後者以億萬計才臣智士竭歷經營而竟不能得河之要領
河終不可治歟自三代時吳楚未入版圖戰國六朝之分爭南
自南北自北軍國之費倍于今日而未嘗乏絕也明至今日遂
以漕爲命歟先歲有欲興北方水利以省漕者何以方行而輒
罷歟其說亦尚可講求否或謂南北異宜水陸異勢不可強同
然勝國時虞集已行之京東頗收其利何于今而獨格歟議者
又欲復海運通膠萊河乃或言便或言不便迄無定說可得而
衷裁之歟夫屯政邊政漕事河事實相表裏至于今而尾閭極
矣若不亟圖後將愈匱朕夙夜焦勞思建長策以爲千百年規
而勤力任事之臣未見多有將何以稱朕意爾多士懷先憂之
畧挾策而來諸可以利民生裨國計確然足見之施行者尚究
言之毋諱毋諛朕以觀實學焉

臣周延儒

臣對臣聞帝王之治天下也必有萬世之長策以垂永久之規而使國家受無窮之利必有一時之便計以酌權宜之衡而使國家弭無窮之患何謂長策總天下之大權而綜理之有均饒無偏瘠有常盈無暫詘晏然端拱于堂皇而坐收府修事和之烈何謂便計通天下之大勢而調劑之雖偏瘠仍均饒雖暫詘仍常盈嚴然軫念于寰宇而亟蘇民安物阜之休是故人主之所不必言而不必不言者財是也人主之所不可言而不可不言者理財是也有國而無財則其國爲無用之國而空虛弗足之象以成有財而不理則其財爲無用之財而耗乏不支之形亦見夫惟以財之道裕天下是謂因天下之原自裕者裕之上無此拮彼据之勞而下有樂樂利

利之實不待問其在官也在民也而輸將恐後有如子弟之衛父兄矣夫惟以理之道裕財是謂開財之原自裕者裕之上無東支西吾之困而下有陳陳殷殷之積不待問其誰開也誰節也而費用有經有如權衡之審輕重矣古聖帝明王生衆食寡為疾用舒坐籌帷幄之中制勝埏垓之遠能使原無舉燧而海不揚波者其道易以加此欽惟

皇帝陛下

協帝峻德

配天無言

聰明睿智有臨

正直平康作福

乃神乃聖乃武乃文行四時而生百物

得位得祿得名得壽臨百姓而和萬邦

卓冠古今足食足兵之上理

經緯天地有財有土之宏謨方且貫朽粟紅壯萬里干城之勢

更見外寧內攘固千年磐石之基斯蓋國計民儲可以不煩

厪念而司農少府可以無事經心矣乃猶

聖慮周詳不自暇逸進臣等於

廷俯垂

清問慮及於邊儲之易耗河患之難隄轉輸之日煩供億之恒匱

而撫今思昔愀然有救弊之思焉臣草野無識未足借前箸

僅能據其所知可效一得者竭愧以爲

明廷獻臣竊惟國之有邊疆猶家之有垣墻也邊疆之地無所

倚而依四方之粟實之何異家之內無旦夕擔石之謀而待

爨火于比閭族黨之人乎且邊之有積貯猶身之有膏液也積貯之計無所出而藉辦於之供給之何異身之內無元本生息之脉而待引養于草木藥石之類乎是故寓兵于農軍不見食不費而不煩輸運之艱者一得兩得之道也以民養兵餉日贍軍日饑而徒滋飛輓之困者兩失之道也歷稽古昔如充國金城之議棗祗許下之屯杜預襄陽之屯韓重華振武之成畢誠擅富于邠寧何承矩割饒于河北何其隨試輒效用力省而收功倍乎蓋惟屯政修明則軍國餉費不仰命於一線之漕而漕之為利也輕邊徼殷實則芻粟總途不仗力于靡定之河而河之為害也小所謂不竭之泉府萬世之長策也遐維我

太祖高皇帝聖武布昭廟謨無外其元年曾令諸軍屯種龍江後

綱求論[illegible]行於九邊

虞廟文皇帝[illegible]廣屯[illegible]賦糧上當其時幕府

輸[illegible]有[illegible]積之風[illegible]南[illegible]決白

漆[illegible]服衆然[illegible]不開[illegible]內[illegible]之余錢[illegible]度[illegible]之逋

力爭焉夫一旦之命而救擾擯萬竈之饑也若邊若河豈非

無弊之勝者而永永可行之法哉乃今天下邊庭之[illegible]月浚

民脂血歲輸數百萬不啻而士未嘗有飽騰將未嘗有宿舂

費益不貲勞益無已則其故謂何且支部弗顧悍無常歲

費數百萬亦不[illegible]而[illegible]之則[illegible]導之則[illegible]亦益

不貲勞亦益無已則其故又謂何[illegible]伏讀

明詔[illegible]屯政邊政[illegible]事[illegible]古之軍興率取給屯田胡

[illegible]今日[illegible]以[illegible]

王言何其潤濁乎古今河渠之[illegible][illegible]深鑒乎[illegible]漲漂本之故而焦勞
不能已也臣伏而思之今日之節遷不可謂禦遷也不曾而
罪于遷而弗心以餽之也今日之治河不可謂治河也不啻
受制于河而百計以媚之也夫河之不可治由濟之不能省
耳泛則嚙
陵溢則妨運負薪乘橇計無復之此所以有奇病之河也漕之
不可已由也之不易復耳捫腹而啼徒手而望赤地百里
粒無由此所以有必需之漕也識者于此與其銜尾舳艫而
灩于洪濤激石之危孰若鼎趾耒耜徵收于阡陌平原之便
與其靡金錢沉璧馬委之龍潭鰲窟無所底止之源孰若優
佃業給耰基用之沃壤廣原並有贏餘之地為今日計一則
宜有清覈之法昔稱

世宗時吏廣支鹽徵調旁午別募餘鹽而畢外有軍於是見名目

支弊端百出而例外有例

明詔所云嘉靖以前歲額不及百萬至今日而溢至數倍者此也

試一清釐之而猾募無所施其巧則屯之令可一二行而予

漕可一二省矣　則宜有旌別之法昔在

文皇帝時寧夏何福積穀獨多至下

璽書襃諭則人誰不競勸今且緣楊成風而恬不知怪

明詔所云偷安習玩以仰給内地爲固然者此也試一旌別之而

勤惰無所隱其情則屯之令可四五行而于漕可四五省矣

抑尤有原本之說焉

國初鹽政修明輸粟給引于是塞下之地盡墾爲田商無重糴

之費士無脫巾之憂至便也自後納銀例開商散而屯廢利

一時借貸之用而貽百年輸餉之困致令五穀與金玉俱窮故議者謂鹽政漸修則屯政可復何至牽縴經結絡繹風帆挽屯望途邪許徹野殫東南半壁之民力而走之長風萬里驚濤奔浪之中哉雖然天下議事者恒易任事者獨難任事者既難生事者又易當今之時由今之道而欲屯之已廢而忽行有以知其必不能宜爲委一大臣焉隆之以督屯之事權使得便宜而課將卒之能否則其視事權也重而不以泛梗遹遭之自諉也久之以修屯之職任使得優游而竭歲月之經營則其視職任也常而不以遽廬一宿之自寬也又必屏外旁睨者毋以議論掣必吏之財總成發策者毋以詭嚮驚削鑠之神庶幾乎屯可行漕可省邊可足河可無患後

祖宗立法之舊而彌後世無窮之弊矣今不然而徒動色於非常之

原而咋舌於奇功奇禍之說今歲廢而支吾一漕焉明歲而支吾一漕焉今日而呶呶于南北之異地水陸之異宜焉明日而呶呶于海運之可復膠萊之可通焉畫脂斮石屢議罔成徒捐有限之財填無窮之壑耳亦何補于

國家之萬一哉伏惟

陛下斟酌詳審徐議行之則

國事幸甚臣不識時務妄冒

宸嚴不勝戰慄隕越之至臣謹對

庚戌科萬曆三十八年
皇帝制曰朕惟帝王致治要在知人權在出令然知人之法不
過曰敷奏以言明試以功言固不可不辨歟至於出令則
戒擬之絲綸式喻之渙汗或謂賞罰如金石信如四時令
固若是重歟唐虞三代之盛言必底績令出惟行邈乎尚
已即漢唐以下之主猶有能綜核名實用致中興者其一
下而驕將悍卒莫不用命者是豈無所操縱而能致歟我
太祖高皇帝再造寰區
明並日月威如雷霆臣下每有陳奏情僞立決薄海內外靡不
奉功令惟謹
聖烈神謨炳燿萬世二百餘年之洽安恒必由之可得而揚厲
其盛歟朕御極初年紀綱振肅德意旁流浮淫之說稀聞

奉宣之吏多有亦仰慙
皇祖之餘烈焉邇來人心躁競議誹成風一人而此是彼非一
事而此可彼否甲乙互爭薰蕕莫辨公車奏牘不可勝覽
蓋議論混淆之弊至今日而極至于吏治邊防士風文體
諸關係治化者朕皆三令五申期于振刷而守令之貪殘
封疆之破壞縫掖之闒陵文章之怪誕皆日甚一日雖有
明綸褒如充耳蓋詔令廢格之弊亦至今日而極茲其故
果安在歟漢人言四患當屛曰僞曰私曰奢曰放宋人言
國家宣勅條貫煩而無信輕而弗稟上失其威下受其弊
以今日之事質之同歟否歟傳不云乎君臣同心治化乃
成今上徵省而下愈煩上欲行而下愈格安所得同深惟
厥咎豈朕之獨斷未精而率作省成者非其道歟抑臣下

於枝黨伐慮不在公偷玩習成有難邊境激將無所謂固

言而信信在言前同令而行誠在令外上下之間自有

潛孚默喻而不在乎科條文告之末者歟爾多士挾策而

來目擊時弊諸所爲省議論定權衡重令尊君必有畫矣

其明著于篇朕將採焉

臣韓　敬

臣對臣聞帝王之統一道法也必晝然有昭垂天下之模

範而後黎獻共臣會歸于蕩平正直之內而王道純必肫

然有綰結天下之精神而後無明顯鼓舞於紀綱法度

之中而王政舉何謂王道無偏無黨蕩蕩爲[illegible]通于神明

之宥密而天下無人不往來于周行故曰道也何謂王政

有綱有目秩秩焉分布于表著之[illegible]承而天下無事不經

繇於天猷故曰政也道以寧政道純而政不疵政以顯道政舉而道愈光蓋模範既足以昭垂而精神尤足以締結故舉天下如一人之身耳目手足亦畫然無疑於心志而得畢效其視聽持行之用舉天下之事如一人之自爲耳目手足亦靄然畢用於心志而罔遺於視聽持行之外故不煩教戒約敕而羣臣百姓無爾虞我詐之風不事衡石程書而一日萬幾無泄邇忘遠之弊自古上理之世推心置人而不疑得人任事而不勞事之集也歲月日時無易而明良咸念用之休人之和也宮商律呂相調而師濟奏其凝之績用此道也此政也若夫封己而厭斁於人則其道不廣固人而叢脞於事則其政不張即虛聲無失亦小康驩虞而已豈王者一道同道之理哉洪惟

皇帝陛下
欽明文思安安
敬止緝熙穆穆
深仁必世合華夷內外莫不尊親
彰烈同天自南北東西無不思服
郊壇步儕瞻徒撤樂減膳而粉飾乎靡文
齋閣箴銘一惟鍊性養心而豫端乎懿範
持小心而撫泰垂衣端冕靜敉三十八載之昇平
靖大憝以亨屯卧鼓纛弓坐籌百千萬里之勝算
承華奉禘惟咸正罔缺以貽後人
長樂尊崇有至德妙道以順天下
建五有極以錫福則歌雍咏勺舉淫朋比德盡睍見而雪消

奉三無私以承乾則文恬武熙含麟介衣冠悉天覆而地載

乃循進臣等于

廷策以政令之積玩堂陛之隱憂爲當今蓋盡臣雖固陋然杞人漆室蓄忠悃久矣敢不悉心以對夫君臣之際天地之交乎其先天而開泰也相與定一世之鴻圖其後天而保泰也相與畫爲世之長策相得益彰猗歟休哉乃良辟諭臣千古希遘并相值之難而一心難也非一心難而一德難也以旒纊而就弁紳則紆體推亦不勝煩也以青蒲而據紫闥則削草補牘不勝格也此一心所爲難也陽燧見日而然陰諸見月而津虎嘯而谷風生龍興而慶雲集君臣亦然或不介而自親或驅之而愈遠此一德所爲難也易之傳泰也曰上下交而志同泰之爲言通也后以裁

成輔相爲事身視臣庶而家視寰宇身之血脉不流則肢體營衛必有結轖之患結轖不已究且移之腹心家之情誼不相聯則輿臺亞旅必有渙散之虞渙散既極究且移之主伯夫君聖臣直即稍隔釜鬵其害小而遂有乘隔以爲令者其言鉅上都下咈即微異其學忌其釁淺而遂有緣與以爲同者其釁深何也上轄閽九重以內距而又偷羣喙之紛紜也則勢亢而誠意不流久之而下且疑且畏將亢者轉而孤矣下輕奏萬言以仰瀆而又兢天聽之彌高也則情鬱而事任懸虛久之而上且厭且猜將鬱者轉而睽矣蓋臣讀易而得聖人之微意焉彼乾上坤下若適得覆載之恒而遽名爲否乃上行下濟若互易尊卑之體而遽謂之謙可見上下之不交皆由心德之不一惟一德故一

心惟一心故一體世豈有欲泰而不交欲交而反睽兩相疑貳而能共襄太和者哉陸贄有言為上莫不求治為下莫不願忠而恒苦兩情不通也下情莫不願達於上上情莫不願知於下而恒苦九弊不祛也祛弊以通情合情以圖治真君臣萬世之蓍龜矣欽惟我

太祖高皇帝聰明天縱仁智性成開草昧之鴻濛聯堂簾之分誼創業伊始即辟召濂禕諸名儒商礭王霸究析興亡其

諭侍臣有曰舉大業者不可以獨運君大寶者不可以獨成人君欲弘其德惟當廣覽兼聽博達羣情又曰朕日總萬幾安能每事盡善所賴左右盡忠補過耳其

諭部院諸臣有曰自古君臣本同一體君不任則臣曠厥臣不任則君孰勞又曰自古天下治亂在君臣能駁否耳若君

能馭臣臣能馭吏則治否則亂蓋淬厲主臣相倚之勢氣運共造之機用能身闢乾坤手洗日月以開二百餘年安瀾磐石之治我

皇上以不世出之姿負大有爲之略履重熙累洽而海澨不驚際豫大豐亨而倖航狎至下不改大法小廉之轍上不見更張易轍之勞極盛鴻休同符

聖祖即三五之隆何以加焉邇年以來

彤庭之臨御稍稀

金華之勸講稍闊重臣久疎於造膝列署頗苦於代庖以至臣下匿材藉而闘齒牙瀆職業而工簧鼓捭闔者借以伸縱橫之術巧捷者借以快黨伐之謀煩賢者禁而枝葉日增部令屢頒而寢閣如故玩忽之端已露否塞之形漸成

誠有如

聖慮所及上欲省而下愈煩上欲行而下愈格臣不能爲下逃責也臣從田間來每見條教章程有德意闊闊少德意薦剡舉牘有循良赤子少循良竊有概于中以爲舉其一而他可知已此豈人之敢於褻令玩令卿大亦上下之交聯而道聯法守之未明也夫君不能離臣而爲君則官守之有缺即主術之歉也而曷可盡責之下臣不能離君而爲臣則君令之不宣即臣職之曠也而曷可專托之上夫人臣立不諱之朝處得爲之地而精誠不能達五位忠藎無以感三靈分誼謂何臣謬謂上下之閒惟相信而後政事舉惟相重而後論說入乃睚眦便起戈鋋猥瑣俱充章奏使

君父視外廷之捐搆如兒戲之爭言則憂在國體古稱上殿有可否之爭同寅有協和之義乃朝夷暮蹶毀譽迭更予雲我龍標榜競翻使天下習聲嚮于雌黃名賓淆於黑白則憂在國是懷傾忌則處於不言竊機發又托於敢言串事類于寒蟬既虧風節人人附于鳴鳳又涉雷同則憂在言路之分事有得失事竣則氣已平言有異同言泯則意已化乃黑白混于同途何淄澠之不辨鸞鸝判于一肘何犄角之不休則憂在岐路之歲其弊皆始于天地不交而憂世道者撫腕而責孽王之不肅復嵩目而虞百度之或緊可奈何哉試觀今日之事所爲脫銜委轡曰馳曰驟而不可收拾者不知幾千百端姑就

明門所列其爲吏治耶是遽廬之一宿也其爲邊防耶是養癰

之待潰也其爲士風耶是優孟之衣冠也其爲文體耶是宋人之糟粕也推而舉之何事非虛文則何事不可府蠹何人不受病則何人不可發藥故臣所責於諸臣者祗願一心任事而以靖其爲轉移以轉移爲匡救則不求過巷納牖之術而情自格於蒼穹臣所期於

皇上者祗願一心任人而以功罪儷事權以賞罰儷功罪則不求更瑟攺玉之方而令自行于流水所去君臣同心治化乃成以此遠追堯舜之熙洽近嗣

太祖之隆平可也何漢唐以下庶幾小補者之足論焉抑臣更有芻蕘之

獻帝王之心天地之心也天地以不息爲恒體故帝王之所以行道者亦無一日息

皇上赫赫明威昭昭仁問深居而政不旁貸恭已而化若風行
翔洽寰區多歷年所前此不息之歲月猶日之自朝而漸
午今此不息之歲月猶日之至午而正中此正離明當褰
震動百昌之日也伏願
超然玄覽慄然勵精復
經筵日御之規廣厦細旃與四五儒英商皇王之郅理修
禁庭晝接之例平臺燰閣與二三輔弼講文武之弘圖以不
息之心行不息之道將氣機動盪於三極神采煥發於兩
間出自
皇上之一心而有餘矣又奚道法之不彰也哉臣愚不識忌諱
仰瀆
宸嚴曷勝惶悚隕越之至臣謹對

丁未科萬曆三十五年

皇帝制曰朕惟帝王執天之樞立人之極必使天下所由惟一道而後天下之心惟一心書稱皇建其有極用敷錫厥庶民極者聖人所以定天下之趨而一其心也然有猷有爲有守皇則念之矣乃不協於極不罹於咎者亦受而錫之福何歟豈王道若大路然由之則是苟能其行皆可近天子之光歟後世極之不遵斯有岐路有岐路斯有二心有二心斯人務自全官不任事而國受其敝矣然則皇極可弗行歟稽之載籍有言君臣同體豈可徒事形迹者有言百官得其職則萬事得其序者有言中人以上苟處置得宜與全才無異者亦與皇極之旨有發明歟洪惟我

太祖高皇帝創業垂統立教萬世嘗

諭廷臣曰天下若無難治第君臣同心一德一慮則庶民萬事
鮮有不康又
諭曰居官者大小不同要皆各盡其職而已昔范文正凡日所
爲必求與食相稱或有不及明日必補之賢人於國家盡
心如此朝廷豈有廢事煌煌哉直建極錫極之謨已朕夙
夜祗懼罔敢怠寧亦冀與百爾有位同心戮力急公忘私以
匡朕之不逮而邇者人懷疑二事多因循紀綱日爽風俗
日薄職業日廢議論日紛豈自全之意多好于而邦者少
歟朕甚憂之夫人皆吾人事皆吾事率作興事非夫人之
與而誰與要必各舉其職則官不易方共圖其業則心無
二用譬之理家耕者織者各業其業而家道成矣治天下
要不出此不然毋乃錫極者猶未至歟自今欲與公卿百

執事共矢乃心有僉喻無猜嫌有異同無向或有好惡無偏陂有實政無虛談究使上錫福下保極以庶幾於蕩平正直之道其何修而可爾多士尚揚確之毋諱毋飾朕將親覽焉

臣黄佐俊

臣對臣聞帝王之建極於上而錫極於下也必有不自用之心以公天下而後能使群工相勵以成僉謀共營之弘功必有不自貳之心以信天下而後能使一德交孚以收雍熙沕穆之郅理何也君心常易自用惟矢諸宥密之微達諸委任之顯令大小各盡其用內外各舉其能而操率作省成之術以布天下之賢才於庶位是之謂公君心或多自貳惟存諸淵涓之中通諸堂陛之際令上下不間其

衷務終不携其忿而推眞誠惻懇之意以攄天下之歡念
於當官是之謂信公爲信運則責付人人任事而無自勞
以傷職要之體無自贊以虛職詳之司是以人與事咸協
於理而明聽顯爲四海昭庶績其凝之象信爲公本則形
迹融精神聚而無以猜疑越睽隔之嫌無以韜藏誠孚
之誼是以天與澤互聯於志而上行下濟一堂隆泰交喜
超之休自古明盛之世君不自爲心而曲體人臣靖共獻
納之忠務使得罄其才力故臣亦不自爲心而仰副人君
推懷置腹之愛必期交贊於隆平當其時遐邇莫不戴德
朝野爲之同風上錫其福下保其極躋海宇於蕩平正
直之路則必由此矣欽惟
皇帝陛下

神資天縱精凝於中和位育之猷
至德性成裒極夫仁義禮智之蘊
謹天戒以彌虞時勤修省之思於日蓋
軫民艱而苦切廣[illegible]蠲賑之澤於雲敷
徽號特崇而孝思維則遠高問視之芳摹
元良懋建而身範率先來[illegible][illegible]貽之懿術
寬仁博厚之德東漸西被隨在[illegible]欽潤而含醇
英武震疊之威赫聲濯靈人凜風行而雷厲允乎建其有
極錫厥兆民直使位署皆清自承休之儔閭閻覩雍熙之遊
衡之盛矣乃猶聖不自聖特進臣等於
廷俯賜
清問舉帝王執樞立極之道逮國家建官任事之規博稽君臣

各得之訓上溯

皇祖交警之獻而務諏其要是雖時當豐豫而恒以振綱飭紀惕其懷運際泰寧而猶以圖治任人廑其慮臣也仰窺

純衷即堯之兢兢舜之業業蔑以加茲惟是伏處蓬茅竊懷葵藿敢不披瀝以對臣惟人君之執皇極以理萬民也猶天之執玄樞以化萬物也天有四時之官五行之吏以鼓暢其所爲生育者敷布其所爲收藏者而行生之大化揚詡於覆幬持載之閒天又有於穆之精不已之命以默運其所爲生育潛涵其所爲收藏者而玄默之眞元日融流於照臨震濡之表其大化有其所寄也天之不自用也而其體至公而不勞其眞元有常流也天之不自試也而其神至信而不易人君亦法天而已法天心之公以任人則一日

二日之幾上勑之而頒于下以代之孰興孰革之故上圖之而播下以襄之必不至有叢挫委置之虞法天心之信以用人則同心同體之誠有以聯之匪躬匪懈之藎有以鼓之而不至有釜蕃牽制之患故夫寰海歸一人之極宇宙成平直之風人共由於一道而世 合爲一心豈不以是哉粵稽諸書稱皇建其有極用敷錫厥庶民則極者聖人所以定天下之趨而一其心也乃有能有爲固在所念而未協於極者亦可訓之以近天子之光溫刑比德誠屬其辜而不罹於咎者即可受之以歸錫極之內行簉而邦昌義遵而暴率何極之不保亦何福之不敷乎漸遠於率遂流於澆極之不遵而因生岐路岐之互起而因有二心心二而始自全之意重任事之念輕國受其敝而誰司其尤

矣夫君臣不二其體豈容形迹之強分百官各得其職始致萬事之得序若夫處置誠合其機宜且將中材可敉爲全品斯於皇極之旨庶乎互發要惟托天下以公心予天下以信心則皇之所由建極者耳洪惟

太祖高皇帝驅逐胡元一洗行僞腥土之穢肇造區夏再覩聲名文物之隆大綱整肅四海還淳逾其

晉諭群臣立教萬世若曰君臣同體惟一德一慮則庶民萬事鮮有不康又曰大小盡職惟爲與食稱則盡心國家豈有廢事大哉

王言煌煌乎建極錫極之類已故其時因天地以昭常經而贊能布龢於庶職大公也交地天以聯上下而尊卑貫浹於一心大信也賄

萬物錫福之盛開億載保極之休豈無自與嗣我
皇上適纘鴻業鑿精太平三十五年於茲夙夜祗繹爲百官倡
圖宜就列者同心而効力服寀者急公而忘私以佐敷極
之理夫何邇來人萌疑二之思事多因循之弊紀綱未振
其振肅風俗且入於彫瀉職業漸隳議論繁起夫非私以
自全者多好予而邦者少與宜煩
聖問之惓惓也臣以爲天下猶家然理家者耕以問奴織以問
婢各司其職而不亂亦斗粟不有寸縷不私共圖其業以
相成故能主伯兼資緩急足倚夫天下亦若此矣腹心之
臣殫誠以格股肱之佐畢志以勸諫司督率務端正物之
楷執任糾繩必盟勿欺之節撫綏則鴻鷹恤其哀嗸繭絲
易爲保障捍禦則雀符消其鳴吠鎖鑰固其防閑人有責

而人副之斯官不易方共有責而共營之斯心無二用官不易方而截然有一定之幹運心無二用而毅然効竭歷之驅馳於以省浮議而著官常於以挽澆漓而飭弛玩夫孰非諸臣者責而總以會皇之極耶臣伏讀

聖制謂欲共矢乃心求所爲錫福保極以幾於蕩平正直之道則舍公信兩言將安所效其涓埃乎蓋極者皇之所建而歛之臣庶者也心者極之所會而經之方寸者也心陷於私則自用不復用人而極以偏心溺於僞則自貳而以貳人而極不一惟謹之於獨以清私僞之萌誠之於意以操公信之意公則無不公匪直朝無私人帑無私藏恩無私好威無私惡即幾微偏任之見且盡捐之以與天下通信則無不信匪直灵指不惑疵影不求疑事不行二三令不設

以此彰信則本無自貳之心要萌偽想而神與天凝若四時之不忒凡此群工仰承休德有不一乃心以供王事忘家恤以襄國緩者哉不仁者遠誰非錫福之人大道同由孰是偏陂之路蕩蕩平正直之道海寓熙熙而不已之令聞無疆之壽考我

皇上真以建極之躬安享之矣天下幸甚臣愚幸甚臣草茅賤士不識忌諱干冒

宸嚴不勝戰慄隕越之至臣謹對

甲辰科 萬曆三十二年

皇帝制曰朕惟自古帝王之治至無爲尚矣豈其主神聖莫及

而能以一人獨運成功無亦下有忠勤任事者爲之共念

分猷臣代其勞而主乃享其逸歟帝王無爲莫如堯舜夷

考當時荒度樹藝虞衡之臣胼胝不顧身過門不顧家郎

列在巖廊而夙夜惟寅思日孜孜則彼左右官力如四岳

九官十二牧勞可知也故二帝不過率作爾省成爾而無

事康萬幾理夫非臣之力歟供惟我

太祖高皇帝肇造區宇勵精太平嘗

諭廷臣曰朕觀書以元首喻君股肱喻臣自古君臣本同一體

君獨用則臣職廢臣不任則君事勞

諭外臣曰賢臣之事君也視君如親視國如家視民如子凡

可以安國家利民人者知無不爲若避難而憚勞則事不立矣以太祖神聖而所求臣者如此惟特賢智効勞股肱畢力業侔勛華世濟唐虞有以也諸士亦能揚厲其盛歟朕猥適先猷精慮上理比年以來雖以幾門未達深居靜攝而幾務常親章奏畢覽叢叢一念何嘗斯須少弛乃心勤而事在患切而効除吏治日婾民生日蹙士習日詭風俗日澆帑藏日虛行伍日耗姦宄日巨災祲日開其故安在無亦邇來浮慶習勝競悁斁滋如聖祖所謂避難憚勞者多而竭忠竭力爲國家任事者少歟朕見人臣自爲謀者鮮不臧謀國則否自措据其家事無愛力而謀能者鮮國則息何說也今欲責成士大夫各懋乃

心力爲朕任事俾吏稱民安士醇俗愿儲盈伍實教法銷肆予一人垂拱仰成庶幾無爲之治何道而可爾多士其正言之毋諱

臣楊守勤

臣對臣聞帝王之理天下也必其君有委任責成之實心而後能使群工翼爾以收倚籍熙亮之鴻功必其臣有竭忠宣力之實念而後得使一人垂拱以享和平清淨之盛治何也人君之所與分猷而共理者臣也人臣之所爲環向而効忠者君也君不任人則無以獨運而成功故必愼選天下之賢材以布列於庶位而無以聽斷糜委用之誠無以綜覈先推心之誼斯可以率作省成而俾人人各罄其心力以抒九重望治之思臣不竭忠則何以盡職而共

位故必俯殫生平之智力以畢致於當官而無以身圖逃
報主之義無以內顧忘許國之貞斯可以弼工釐績而俾
事事咸協於理以奏萬方寧謐之化故明盛之世其君不
自以其心爲心而務體臣子懷　自盡之心以爲心則委
信專而人皆得以展布其四體其臣亦不自以其心爲心
而務體大君虛懷側席之心以爲心則圖報切而君始得
以坐享其幾康當其時上有元首維明之頌而不聞有贊
責之名臣有股肱維良之稱而不聞有尸素之誚鉅細畢
舉朝野同風而無爲之治夐絶千古良有以也此非
今日安望哉欽惟
皇帝陛下
英資天縱秉仁義禮智之全

至德性成建中和位育之極
嚴天戒而恐懼脩省之意時勤
軫民艱而賑恤矜全之恩恒溥
慈孝兼弘以奠大猷而盡倫盡物之規立隆於萬世
文武並用以綏長治而來同來享之軌遍訖於遐荒
德澤與雨露同其淪濡而黎志之允懷者所在塗歌而巷
舞
光明與日月同其焜燿而效訢之幬息者靡不睹見而雲消
以此孚於有位鼓舞靡察圖將使東貽邑之風布蒲於
序列朝虞夕惕之誠競奮於臣鄰矣乃猶以浮虛之習日
勝玩愒之弊日滋而欲觀帝王無爲之化特進諸士於
廷俯賜

清問暢焉咨所以任人弘化之方黜浮整玩之術而遠追唐虞之烈近遡

太祖之謨臣有以仰窺

純衷思治雖泰寧有象而不忘得人敷治之懷豐豫無虞而不忘倡率考成之念臣雖草茅賤士然伏睹吏治民生之媮蹙士習風俗之詭澆帑藏行伍之虛耗灾祲之薦闒每欲一效芹曝而無繇敢不披瀝以對臣聞君一天也天有無窮之大化而不能以自運必藉日月星辰風雨露雷四時之職五行之吏各司其令各宣其氣而後歲功以遍品物以遂無或有壅閼湫底其閒者而天始成其清虛浩蕩君有無窮之治理而勢難以自給必待心膂手足庶司百府承流之臣奔走之佐共致其身共畢其分而後五辰

時櫟泉度其員無哉有委瑣叢挫其間者而吾始竟以損揖受成故罷而不虛心用賢倡始聯屬以作忠非所以體天而家黙爕之功也臣而不君爾忘身國爾忘家以副托非所以報主而懋代終之義也稽古唐虞之際君兢兢業業不忘其咨儆余之廑以下負其臣而豈閡閡師師各體獨憂數治之心以共臻於理維時禹任荒度稷任樹藝益任虞衡上之所以因材而受任者一何專也而胼胝不恤三過不入身家不顧下之所以宣力而分猷者又何夐也故允官岳牧之徒罔不夙夜勤勞以法嚴虞維寅之志而庶正萬幾罔不率屬呈成以擴時雍風動之化人知巍巍蕩蕩堯舜之治萬古莫及而不知其上下一心以成此實效爾洪惟我

太祖高皇帝肇造區夏以慨混一之勲嘗精太平以垂萬禩之

業而於任人一事尤惓惓焉嘗

諭廷臣曰朕觀書以元首喻君股肱喻臣自古君臣本同一體

君獨用則臣職廢臣不任則君事勞洋洋

聖謨交警之思弟切於此矣嘗

諭外臣曰賢臣之事君也視君如親視國如家視民如子庶可以安國家利民人者知無不爲若避難而憚勞則事不立矣煌煌

懿訓屢着之旨弟嚴於此矣是以一時賢智僉竭其慮文武悉殫其能吏治民安而醲成一世遵路之盛儲盈伍實而潛消人妖天變之萌即業侔勳華世躋熙皞非偶然矣嗣我

皇上注思上理躬先大政以致隆平者已踰三紀於兹比年以

來雖

深居中禁而幾務之裁決未嘗不親雖靜攝凝神而章奏之批宣未始或輟固宜靖共爾位輻湊効忠者遍中外而事顧相左效乃闊疎其故何也無亦避難憚勞者多而殫忠竭勤者鮮歟是以爲人君辨官任事位曰天位職曰天職祿曰天祿業已不私其有以與臣共而人臣析圭擔爵服禮非吾有肝膽非吾有血氣非吾有豈得自便其私以不爲君用故以自爲身謀之心謀國則利害必悉終始必慎矣以自爲家計之心幹國則綜理必周校覈必密矣惜身家之念重而忠藎之念分故吏治嘗醇矣而積薪自棄碩鼠傾耳則弊在鮮廉恥而嚮簠簋也懍亦砥懸魚瘞鹿之節而奉法循理以勵之乎民生嘗給矣而

萇楚是樂鴻雁與歌則患在茗繭絲而踈撫字也儒亦嚴政虎賦蛇之戒而蠲煩去苛以綏之乎士習自端而趨詭則董率者非也誠先器識而後文藝而奇袤者黜躁競者黜則詭可使正矣風俗自朴而之澆則砥柱者少也誠尚節儉而抑淫靡而僭踰者法罰陵者法則澆可使質矣會計之臣非乏也而帑藏日虛是在清廉之人不難以身任怨而公私必核上下必稽庶足酌盈而濟虛乎緩騎之籍非臧也而行伍日耗是在嚴覈之人不難以身任事而老弱必汰虛冒必清庶足震慴而起懦乎姦宄有所窺伺而生則各敎爾身以彌之者容可已也災祲有以相感而集則昭假無竊以消之者容可射也夫如是則自靖自獻之忱不愧於古人而無有惰窳處錞之失以玷官常匪躬匪

懈之操可質於衾影而無有貳秉覆餗之弊以臺委寄靳不亦忘身忘家者所宜爾也而要之此臣之所以任事也非君之所以任人也夫任人者而寧惟是憲憲焉聽其泄沓觀望縮朒不事為哉又寧惟是斤斤焉厲其威嚴法制日事脅懸為哉蓋有所以握先勞之本焉而未可空文耤也有所以神鼓舞之機焉而非可清淨理也故欲人之無浮夸莫若先之以實欲人之無翫愒莫若先之以勤有如廣廈細旃之上章所必行者斷斷行之而無牽旁落章所必已者汲汲已之而無狃因循則仰興利除害之政者方快心悁意以樂與更始而讙不以實應也清廟明堂之中事關欽若者靈鼉鳴虔而無委代攝事闕裁酌者孜孜臨涖而無尚聲聞則仰畏天勤民之慮者方赤衷白意以競

相濟厲而誰不以勤應也蓋君不私其家而以天下為一家故臣罔敢營其家君不私其身而通天下為一身故臣罔敢暱其身是謂率作省成之實心與弼工賛續之交孚共協以躋於理意我

皇上所以遠追唐虞郅隆之風來延

太祖昇平之業者端在斯乎而抑臣有獻焉以臣之卑其仰而願忠於君也恒無窮而或苦於志意之約結形迹之避忌以君之尊其術而通傳於臣也恒甚易而何靳於便宜之是假體悉之是優以今

皇上神聖廓然顯明其道若揭日月而行天堅金石而布令以消中暌外疑之端而又蠲捐其聰明務寬其文法以開安位行志之路彼任事之臣有不棄家忘公危身體國以綏

宵旰之憂者豈弗之信也而官人必先於知人知人尤本

於清心伏惟

陛下澄神懋德以大公好公惡之源且

疇咨晉接以純勿貳勿疑之矩則用必當其事必當功而其疑

之象立見於清時惟不暇逸乃能自逸而端拱之化永傳

於奕世尚何有於咸五登三而緝熙歟於無窮也臣愚不

識忌諱干冒

宸嚴無任戰慄隕越之至臣謹對

辛丑科萬曆二十九年

皇帝制曰朕聞隆古帝王罔不念祈天永命者而惟久道成化得之易稱觀象考祥其旋元吉詩稱永言配命自求多福傳稱人受天地之中以生所謂命也是以有動作威儀禮義之則以定命也能者養之以福斯篤論矣洪惟我

皇祖世宗肅皇帝嘗臨軒策士親賜制問有曰朕思首自三代以來迄于宋終中間雖歷世有久近而其君之歷年亦有長短要之皆自其爲君者何如又曰皆基之於先王德澤洽於民心亦繼之以嗣王能盡持盈滿之道者也煌煌

聖訓朕時恭繹焉我國家

太祖開基功德與天地並

成祖再造貽我後人

列聖纘承暨于朕躬天命自度夙宵惴慄常思遠追所聞不宜

近忽所見朕生之　及

皇祖恒以敬

皇祖

天法

祖親賢恤民爲要務以經術爲本以法律爲輔以明作修内治

以安静飭邉圉宫府之間肅然奉法華夷遠近穆如和風

至于稽古考文尤爲謹備而皆發之于孝思本之于敬一

殿亭榜字皆取洪範無逸名之

淵衷所存亹亹三五之盛四十五年有如一日賢親樂利至今

思慕不忘尔多士雖晚尚有能揚勵之者歟我國家景運

孫

皇祖益綿而

皇祖享國亦自長永莊誦此
制乃在嘉靖十四年仰窺
聖心以持盈滿爲兢兢自昔然矣朕不揆寡昧景行惟勤誠不
知何所脩爲而可幾此故不復更端即舉
皇祖之清問者清問尔多士其悉心陳對朕將擇善而從用祗
承天休欽哉毋略

臣張以誠

臣對臣聞帝王之保治也必克遵成憲而後可以爲永命之至計帝王之法祖也必善體心傳而後可以爲繼志之極思何也人主之承者帝命也而其所憑藉者祖德也天命可去亦可而每纏綿固結於一姓由夫積累深厚有以邀天眷而貽之於子孫祖德易合亦易離而克嗣

續纘承於後王由夫羹墻默契有以迴心源而承之於奕世心切於法祖自不敢以放逸怠惰之念棄而敬德以光志主於無逸自不必以法制禁令之迹拘而心法以合古帝王所以纘大承休格天保命端拱堂皇而措國祚於泰山之安圖維一世而綿國脈于萬禩之久者其道端不出此藉令有見於天命之當保而先棄祖德如弁髦則雖極宵衣旰食之勤而既與祖德二卽與天命二何以格穹蒼而使之惠顧有見於祖德之當法而先置吾心放逸則雖按故府往牒之遺而既與心源二卽與憲典二何以由舊章而與之合符故善保命者求之祖而已善法者求之心而已創業與守成無二道而前人之所以善作卽後人之所以善述中興與繼世亦無二理而在我之所以立心卽

祖宗之所以立德續先世重熙累洽之慶而貽後嗣久安

長治之休者其本端有在矣欽惟

皇帝陛下

聰明睿智具大有爲之資

惕勵憂勤存不敢康之念

畏天變而脩省者心關懇切不徒減膳徹樂之虛文

憫人窮而擾害者心怵特嚴寬止醉衣推食之小惠

湛恩滋澤與河海而同其淵深

赫聲濯靈與風雷而同其迅厲文恬武熙內安外謐號稱極治

盛際海內喁喁方思歌詠太平然猶惜時保業居安慮危

開承明之

延進草茅之而與之圖維治安揚摧

祖德誠以持盈保泰之謨，究以祈天永命之實，而即以
皇祖之所以策士者策臣等。臣生也晚，即
先朝之故實且不能詳其萬一，況數世之心源，又奚能窺其稜
槩乎？無以對揚，[illegible]求之
陛下之心而已。嘗聞天欲底一世於太平也，必使其君全備聖
德，以開夫承前啟後之勳；天欲觀羣治於有成也，必使其
君多歷年所，以[illegible]其法典要民之畧。故自古永命之君，未
有不得之久道化成者也。[illegible]國，其道固有相通者
歟？則其昔在無逸之篇矣。昔周公以永命戒成王，既道之
以疾敬德、知民依矣，而又以商周之主其享國最久者爲
法：惟恭默思道如高宗，故其享國五十有九年；惟嚴恭寅
畏如中宗，故其享國七十有五年；惟自朝至於日中昃不

暇食如文王故其享國五十年蓋無逸以清其心源衆欲無所乘於內而君志日益清明君身日益彊固壽考之道也無逸以端其治源則百私無所滲於外而君德日益下究民隱日益上通壽國之道也故易之言元吉也而本於視履考祥則含吾身之善動無所謂吉也詩之言多福也而本於永言配命則含吾身之脩德無所謂福也傳之言定命也而本於動作威儀則含吾身之受中無所謂命也愼之言動視聽之間而遂關乎吉凶善敗之大幾微宥密之內而能格于穹蒼玄默之表則知祈天之道信無有過於一心矣洪惟我

太祖高皇帝肇造區夏受天命於開基之始

成祖文皇帝掃除家難保天命於繼體之[illegible]

列聖相承毓業不替數百年來治安如一日而其享國最久長

致治最熙洽者近則

肅皇帝今則

陛下永祚純禧後先炳燿英風大略前後一揆則

今日所羨慕觀傚宜其有專屬也

聖制所云述追所聞不宜近忽所見臣有以仰窺

陛下景行之盛心矣因請得而揚勵萬一焉蓋

肅皇帝天下之英主也而舊居於外凡四方之情偽小民之艱難無不盡知者養正於蒙凡五帝之典刑三王之法籍無不盡窺者故其致治也崇尚經術則尊六經正廟祀而非

聖之書不以陳於觀覽條明法律則式舊典鑒成憲而非法之事不以形於舉動明作以脩內治則城社無伏姦遐

陬無向隅而海内謐於覆盂安静以飭邊圉則波不揚於海塵不警於邊而皇圖鞏於玉燭其他貞憲飭度稽古考文凡以潤色皇猷黼黻太平者不可枚舉然其大要不過敬

天法

祖親賢恤民四者而已景行先烈所以爲欽若昊天之實也親近端方勤恤民隱所以爲善體先志之實也此皆見之行事鑿鑿可據者然祖德綿遠非眞有水木本源之思則志必怠於率由治心易肆非持以冰兢淵懔之念則勢必趨於自用

聖制以爲發之於孝思本之於敬 一而即其洪範無遺名於殿庭者直邇

皇祖之心盖已得其心傳非徒襲其處迹矣兹欲紹明休烈永
圖至治亦惟不法之以文法之以實而已正人君子
祖宗之所樂育
帝心之所簡在也以我
皇祖之懿德也猶曰親賢而試觀今日懷才抱德之彥能無伏
於草莽者乎能無阨於下寮者乎能無一被斥逐而棄不
復收者乎則我
皇祖之弓旌加於草茅賜環及於逋臣者可法也閭巷小民
祖宗之所培養
上天之所降監也以我
皇祖之克君也猶曰恤民而試觀今日承流仰沫之衆能無困
於征輸者乎能無疲於奔命者乎能無弱肉強食而不得

自伸者乎則我

皇祖之還定以撫流移蠲租以議賑貸者可法也賢人既

位小民既皆得所則

皇祖在天之神必式靈之而賢人爲之贊襄小民爲之愛戴即

上帝陟降之際必寵綏之而福澤有不久長國祚有不綿遠者

未之見矣蓋我

皇祖持盈之慮在廿有四年之初故以克敬開其始而遂成四

十五年安瀾之慶我

皇上保泰之謨在二十九年之後必以克艱圖其永而遠貽億

萬載無疆之休創守一心

祖孫合德將商宗姬誦陋於不足處而漢宋諸君置於不必言

矣然而敬德之傳非由

肅皇帝始也

太祖常曰今天下已平四方無事高居晏樂夫豈不可然自古

國家未不以勤而興怠而衰者天命去留皆決於是安敢

暇逸煌煌乎保泰之令謨矣

宣宗章皇帝常曰今四夷賓服海內晏然古人有言儆戒無虞

又曰禍生於懈怠若有怠心少失防閑必有意外之變兢

兢乎永命之遠圖矣主敬德以保盛治實

累朝心法踵而行之則而效之是法

肅皇帝者非即所以法

列祖哉然而克敬之道不易言矣人主一心衆欲攻之羣小伺

之而且豐亨豫大之世可以惟吾欲而無不立至嘗安襲

慶之久即或少有失而未至甚敗故未雨桑土之謀哲后

之所以圖幾也而衣袽復隍之警亦世主之所以逆耳也公卿之所矢謨杞人之所過計不過無逆一言而何幸於
皇上親發之何盈滿之足憂何怠荒之是懼將見太平之慶中興之烈由
肅皇帝始之由
皇上成之而長久安寧在此一念決矣言之非難行之實難惟是致謹於危微理欲之辨嚴絕乎攻取誘慕之端而又力學以啓此心篤行以純此心親賢士大夫以維持此心知四方艱難以儆惕此心朝夕不懈終始無間正所謂不法以虛文而法以實事者有不足以紹其心法而繼其治統哉臣愚不識忌諱干冒
宸嚴不勝戰慄隕越之至臣謹對

戊戌科萬曆二十六年

皇帝制曰朕惟自昔帝王理人羣凝庶績率以綜核名實爲先務唐虞之時明良相信稱無爲矣而詢事考言敷奏明試三載九載屢省乃成爲法亦何備歟世降而法愈詳人愈僞名實溷淆治亦刓敝或乃曰誠感則孚第宜一切用君子長者之道但不知誠在中何由而達昔之考詢云者豈其誠未至歟後世之綜核者姱若漢宣帝當時吏稱民安可謂效矣乃尚有僞增受賞者意檢察之猶未密歟若文帝躬修玄默簡節疎目鎮天下以無名之朴而人顧謂孝宣不如又何措也洪惟我

太祖高皇帝勇智天錫超越千古立綱陳紀法度森嚴旌廉能摧奸暴用夏變夷重闢鴻荒

列聖遵承有加無墜至我
皇祖世宗肅皇帝英斷如神振怠起衰制禮作樂品式具備澤
雨露威風霆赫然中興光紹前烈於鑠哉範垂當年而功
流萬祺矣朕嗣守
祖宗丕業任人圖政惟名實爲兢兢夫何與我共理者不明朕
心誕慢成習曠官不懸而越局以逞浮靡相尚而刓卩惟
賢求其循理奉法憂國如家者曾幾何人嗟乎文盛則質
衰言華則行薄自古記之矣故上下以空文相加遺矣而
吏習尚偷教化宣矣而士風尚詭賑恤頒矣而民困未蘇
戎兵詰矣而撻伐未張慮讞詳矣而寃滯猶多工費罷矣
而虛冒猶故束藩章而不守懸新詔而不遵求治彌勞
效彌遠誠不足恃法不能維意者朕不敏不明無能風之

歎茲欲循名責實黜無稽旌有功俾治理遠駕漢官以唐虞雍熙之盛何施而可爾諸士方當始進心志精白願仰世變必有概於中矣宜各攄所懷備言之朕將採而行焉

臣趙秉忠

臣對臣聞帝王之臨馭宇内也必有經理之實政而後可以約束人群錯綜萬幾有以致雍熙之治必有倡率之實心而後可以淬勵百工振刷庶務有以臻郅隆之理何謂實政立紀綱飭法度懸諸象魏之表布乎令甲之中首於巖廊朝宁散於諸司百府暨及於郡國海隅經之緯之鴻鉅纖悉莫不備具充周嚴密毫無滲漏者是也何謂實心振怠惰勵精明發乎淵微之内起於宥密之間始於宫闈

穆清風於輦轂邦畿灌注於邊疆遐陬淪之洽之精神意
慮無不暢達肌膚形骸毫無壅閼者是也實政陳則臣下
有所稟受黎祇有所法程耳目以一視聽不亂無散漫飄
離之憂而治具彰實心立則職司有所默契蒼赤有所潛
孚意氣以承軌度不踰纖悉叢脞惰窳之患而治本固有此
治具則不徒馭天下以勢而且示天下以守相維相制而
雍熙以漸而臻有此治本則不徒操天下以文而且喻天
下以神相率相勗而郅隆不勞而至自古帝王所爲不下
堂階而化行於風馳不出廟廊而令應於桴答用此道耳
厥後崇清淨者深居稱朕不理政務尚綜核者欺蒙虛冒
總事空文人日以僞治日以敝亦何以繼帝王之上理復
隆古之休風而稱統理民物仰承天地之責哉恭惟

皇帝陛下

毓聰明睿智之資

備文武聖神之德

握於穆之玄符承

國家之鴻業八柄以馭臣民而百僚整肅三重以定謨猷而

九圍式命蓋已操

大阿於掌上鼓大冶於域中固可以六五帝四三王陋漢以

下矣乃猶進臣等於

廷圖循名責實之術欲以紹唐虞雍熙之化甚盛心也臣草

茅賤士何敢妄言然亦目擊世變久矣顧身托江湖有聞焉

而不可言言焉而不得盡者今幸處咫尺之地得以對揚

而無忌敢不披瀝以

獻

臣聞人君一天也天有覆育之恩而不能自理天下故所寄其責者付之人君君有統理之權而實有所承受故所經其事者法之是天用是所居之位則曰天位所司之職則曰天職所治之民則曰天民所都之邑則曰天邑故興理致治要必求端於天今夫天幽深玄遠穆然不可測也渺茫輕清[illegible]然莫可窺也而四時五行各效其官山嶽河海共宣其職人人沾浩蕩普濟之澤在在蒙含弘廣大之休無欠缺以虧其化無[illegible]備以塞其功若蓋不貳之真默醞釀於太虛不已之精潛流衍於無極故實有是化工耳然則人君法天之治寧可專於無為托以深密靜攝哉是必有六府三事之職司為實政者人君念天之心寧可專於外務強以法令把持說是必有不貳不已之真精為實心

者粵稽唐虞之世君也垂裳而治臣也協和風動之休民也畫象而理成敏於蕩從欲之俗君臣相浹兩無猜嫌明良相信兩無顧忌當於古稱無為之治尚矣而詢事考言敷奏明試三載九載屈以當乃成法制又詳備無遺焉蓋其濬哲温恭日以精神添注於堂皇欽明競業日以志慮補持于方寸故不必綜核而處府修明熙事約束而九官效職固以實心行實政也後世語精明者首推漢宣彼其吏稱民安可謂效矣而專意於檢察則檢察之所不及者必滲遺焉故矯增受責所從來也語玄默者首推文帝彼其簡節疎目可謂潤矣而注精於修持則修持之所默化者必洋洋焉故四海平安所由然也蓋治具雖設而實心不流則可欲責之臣臣已窺我之怠而傚效之我欲求之民民已窺

我之蹤而私議之卽紀綱法度燦然明備而上以文下以名上下相蒙得聽察之利亦得聽察之害實心常流而治具必蹤則意動而速於令臣且予我之志而靖共焉神馳而懾於威民且圜吾之天而順從焉凡涯曆規畫裕焉不設而上以神下以實上下交儆無綜核之名而有莫大之利彼漢宣不如漢文者正謂此耳洪惟

太祖高皇帝睿智原於天授剛毅本於性生草昧之初卽創制設謀定萬世之至計章考槃之高蹈潁川之治理必旌奬之以風有位浚民之膏髓虛衆之梟虎必摧折之以惕庶僚用能復帝王所自立之地成古今所未有之功乾坤闢而再位日月淪而重朗蓋以一心行實政因以實政致弘勳其載在

祖訓有曰諸臣職所當有理者明何所司施行各衙門[illegible]
濟而徵勤屢致誡勗
列聖相承守其成法揆其意緒間有加無墜若至
世宗肅皇帝返委靡者振之以英斷察廢棄者作之以精明制
禮作樂議法考文
德之所被與河海而同深
威之所及與雷霆而共迅一時吏治修明庶績咸理赫然中
興誠有以遠紹
先烈垂範後世也今我
皇上任人圖治日以實政望臣工矣而經援成習誠有如
睿慮所及者故張官置吏各有司存而藏械以逞者貽代庖
之譏有所越於職之外必不精於職之內矣則被職而責

之事隨事而稽之功使春官不得叅冬署亰司不得分刑

習

今日所當亟圖者也雖言遍行古昔有訓而競靡以炫著招利口之遷有所遷於外之靡必不深於中之抱矣則因言而覈之實考實而責之效使捷巧不得與渾樸齊声閾偪不至與輕浮共譽文今日所當速返者也巡行者寄朝廷之耳目以激濁揚清也而吏習尚偷即使者分遣無以尽易其習爲今之計惟是廣咨訪嚴竣最必如張詠之在益州黃霸之在潁川斯上薦刻焉而吏可勸矣教化者育士民之心術以維風振俗也而士風尚詭郎中令宣化無以盡变其風為今之計惟是廣厉学官獨重經術必如陽城之在國学胡瑗之在鄉学斯畀重寄焉而士可風矣四海

之窮民十室九空非不須賑恤也而顛連無告者則從下
未嘗有侵牟者有以壅之幽隱未達而漁獵者有以阻之
上費其十下未得其一何不重私侵之罰清出支之籍乎
四夷之內江西支東吾非不詰戎兵也而撻伐未張者則
守圭紈袴之胄子無折衝禦侮之略召募挑強之粗才瑞
弛張奇正之機兵費其養國不得其用何不嚴遴選之條
廣任用之途乎黎祇之積冤有以干天地之和而抑鬱不
伸何以召祥則刑罰不可不重也故赦死人肉白骨纖閣
詳明者待以不次之賞而刻如秋荼者置不原焉而冤無
所積矣天地之生財本以供國家之用而虛冒不經何以
恒足則妄費不可不禁也故藏竹頭錯木屑收支有節者
旌其裕國之忠而猶然冒費者罪勿赦焉而財無所乏矣

蓋無稽者黜則百工惕有功者賞則庶職勵勸懲既明則政治咸理又何唐虞之不可並軌哉而實心爲之本矣實心以任人而人不敢苟且以應我實心以圖政而政不至惰窳而弗舉不然精神不貫法制雖詳無益也而臣更有獻焉蓋難成而易毀者此實政也難操而易舍者此實心也是必慎於幾微戒於宥密不必明堂聽政也而定其志慮儼如上帝之對不必宣室致齋也而約其心神凜若師保之臨使本原澄徹如明鏡止水照之而無不見使方寸之豁如空谷虛室納之而無不容一念萌知其出於天理而充之以期於行一意動知其出於人欲而絕之必期於盡愛憎也則察所愛而欲近之與所憎而欲遠之者何人喜懼也則察所喜而欲爲與所懼而不欲爲者何事也

漏人不得知而天下之視聽涯焉勿曰非違人不得禁而神明之降監存焉一法之置立曰吾爲天守制而不敢纖興革一錢之出納曰吾爲天守財而不私爲盈縮一官之設曰吾爲天命有德一刑之加曰吾爲討有罪蓋實心先之實政繼舉雍熙之化不難致矣何言漢宣哉臣不識忌諱干冒

宸嚴不勝戰慄隕越之至臣謹對

狀元策　卷　九一

乙未科萬曆二十三年

皇帝制曰朕惟文武並用長久之術每慎操二柄以馭寰宇焉[illegible]

內順外威臻至治焉然觀昔之開基英主以投戈講藝選士

弘文爲美譚而周公訓克詰召公誡張皇六師諄切於成康郅

隆之際豈世亂則寄濟以文時平則戒備以武道又各有攸

重歟洪惟我

太祖高皇帝混一函夏

成祖文皇帝驅蕩胡氛於[illegible]弋既以

神武之略爲萬民請命迺禮賢置館即當

締造之初延儒直閣亦在

臨御之始以武戡定用文持之蓋規摹宏遠矣

列聖祗紹

謨烈顯承追於朕躬嗣膺丕緒光撫太平之業且二百三十祀餘
威憺乎四裔方內安於覆盂而譚者迺謂今文具太盛武備
寖弛試舉其槩如京師禁旅春秋教練嚴矣而冗蠹猶未清
何以壯居重之勢諸邊戍卒主客供億煩矣而行伍猶未實
何以張撻伐之威至於中外府衛綱維秩然紹符襲組材官
非乏也而閫鉞偶虛動稱無將列屯坐食尺籍具存也而萑
苻竊發輒告無兵其槩安在意者人情狃於宴安而法制墮
於積習非大為振飭不可歟考之前史有上言兵之要四中
國之長技五者有因府兵之壞作原十六衛者有請與大臣
論武於朝舉忠謀之士委之邊任者有以選勇果習戰鬬為
治兵之實者此皆承熙洽之後總總於經武保邦籌慮甚遠
又或謂安邊捍盜必先治內謂無兵無將繫朝廷之二弊者豈

根極之務更有在徼抑誅之廊廟修之紀綱自可以精飭折衝而無煩師旅歟今天下雖稱泰寧而方隅多警斯亦居安慮危之時也朕既未能舞干而來櫜弓而埋將欲經文緯武圖修攘之實政以爲長治久安計則何施而可爾諸士其悉忠讜盡明著於篇毋有所隱朕且采擇而行焉

臣宋之蕃

臣對臣聞帝王之統一海宇也必肅天下之綱紀而後可以維長治之運必聯天下之精神而後可以操久安之樞何謂綱紀經之以文緯之以武而令順治之風因威嚴而日益強固者是也有綱紀以大精神之用故因時立法乘勢制宜而中外之奉明威以修憲度者自有所懾服而無廢弛頹墮之虞有精神以握綱紀之本故法自上始制由中出而遐邇之

承德意以安紀律者自有所融浹而無扞格偏駮之患蓋惟治不忘亂而不徒修太平之文具以謹牖户綢繆之防是以危可常安而終將賴廟廊之武畧以保宗社苞桑之業古帝王所以輯寧區宇界限華夷而俾子孫安享久長者其道端不出此有知恃武之足以勘亂而置文事爲緩圖固非所以垂燕翼之永計若但矜文之足以飾治而忽武備爲疏節亦非所以奠守成之弘庥此其綱紀之設施已有偏而不舉之處况望精神之聯屬獨有流而不息之機哉無惑乎盛運靡常基隆難保而先世之所爲經營拮据者不免漸漬而歸於積衰極獘也圖修攘保治安端在

今日而可以决光裕之策矣欽惟

皇帝陛下

止孝止慈惟
聖盡倫而王度光昭於海寓
允文允武與
天合德而皇風鼓鬯於寰區
省躬約己凜凜然兵農在念而解澤隨渙號以俱流
彌慮悉心炯炯乎夷夏爲防而震耀乘乾明以並著東西讋服
罔之
樽俎而妙折衝之功士伍風偷亦且
談笑而得轉移之術矣然猶不敢怠荒進臣等於
廷而諏以振飭之遠猷根極之上務原古昔文武並用之意究
當時文盛武弛之端而欲舉實政以廣治安豈以譜時保業
之慮即臣等亦嘗有槩於衷耶臣愚敢不秉誠披丹以效芹

曝於萬一乎臣聞除亂利用武興治利用文者酌機權以康天下之急務也亂過而風厲以文治成而維持以武者定樞紐以貽萬世之本謀也故光武太宗稱開基英主而講藝於投戈之餘選士於弘文之館若偏重在文矣實以濟其武之不及而不涉於腐儒周之成康稱郅隆盛際而周公之克詰戎兵召公之張皇六師若偏重在武矣實以制其文之有餘而不失於優柔要其繼紀之昭布於天下者有時乎以文勝有時乎以武勝而虛文不若實事之收功則欲使祖宗締造之鴻業有以傳之萬世而無斁誠不可一日而緩於飭治振起之圖精神之默運於九重者必不以窮黷爲武必不以浮靡爲文而政令不若心思之立本則欲使四方維治之令猷有以底於真實而無僞忽不可一念而流於粉飾觀美之習

如是而後居重馭輕之勢若振其綱而有條不亂順內威外之畧若執其柄而無舉不勝者矣是故晁錯因漢制之襲于安富而匈奴之數困中國也欲以利器鍊卒知兵擇將之四要握其機以勁弩長戟短兵輕車步闘之五技選其長杜牧因唐制之變爲彍騎而國勢之漸成驕弱也作原十六衛以明初制之善而制慨于變法之難欲置府立衛以復祖宗之舊而潛杜夫叛篡之禍范仲淹司馬光因宋制之溺於文爲議論而西北之交爲我齮齕也請與大臣講武畧舉忠謀任邊務以壯長勝之威請選勇果於材官習戰闘於平日以盡治兵之實此皆老成謀國深長策事而真知保邦必本于經武興治不貴消兵也至若探本窮源則又有如韓琦所須治內必先而後安邊捍盜之效可冀三弊務去而後無將無兵

之失可挽乃其所謂治内去弊亦不過曰紀綱之當立也忠佞之當分也浮費之當節也横賜之當罷也逸游之當省也奢靡之當禁也干請之當絶也僥倖之當抑也號令之當謹也賞罰之當明也功實之當責也此其競于文事而實隂有補於武備豈非往昔之覆轍而可爲今日之明鑒者哉洪惟

太祖高皇帝仗劍以清函夏而禮賢置館即在倥偬多事之秋

成祖文皇帝犁庭以蕩胡氛而延儒直閣不越圖籍誕膺之始信爲武不廢文而遺

十一朝以安攘之大計倡億萬載以保業之宏謨者矣嗣及

陛下聿纘丕緒之垂光撫太平之盛誠有措海甸於安瀾而暢肆

威於四裔者乃

清問所及猶慮武備不若文俱之修而惓惓爲振飾安攘之實政

討也臣請始終以肅綱紀聯精神之說進焉京師爲天下根本禁旅之精強固所以壯居重之勢也而教練徒嚴冒濫滋弊則在以簡覈爲綱紀而精與主帥相通則主帥未有獨與偏裨士伍相沮閡而不挾纊超距以思奮者矣諸邊爲京師襟帶戍卒之勇悍固所以張撻伐之威也而供億徒煩行伍未實則在以訓練爲綱紀而精神與督撫相合則督撫未有獨與邊將驕卒相攜貳而不爭先赴虜以報效者矣府衛之材官星布綦列而專鉞分閫轄之將材則考校非其綱紀乎而統攣乳口者不得與將種爭道而馳則雖越在萬里外而精神常徹於天府一臂指使之而躬符組者安往非真將軍之亞夫也州郡之屯牧鱗次繩聯而萑苻竊發動稱兵弱則清查非其綱紀乎而侵占影射者不得覗虛兵弱肉而食則

雖安恬隴畝閭而精神常洽於中朝一挾籍呼之而脩畚鍤者安往非趙充國之金城也宴安之情雖人之所共狃而綱紀昭布其精神隨之以四達並流而無所不貫譬之耳聽目視手持足行當有各司其職而不爲物交者此振飭人情之一大機括也積習之弊議法之所難防而精神鼓舞其綱紀因之以霞變雲蒸而無所不新譬之聰啓明通飭綮握罔當有攝於元氣而喻以不言者此又振飭法制之一大根本也機括運而中外之兵制既以脩舉則明示天下以可畏之威而所謂文明之景運且將藉以永延而不替根本培而中外之人心蓋以浹洽則默宰天下以不已之誠而所脩文治之精華且將賴以長聚而不離即方隅有警奚損極治之萬一而先事修脩之餘且愈有以動

陛下乾陽之衰而衍泰寧之運[illegible]矣況東顧而鯨波已息西覽而么麽可平又何足煩慮綏燧而陳不必然之畫哉抑太平有要不在邊境而在廟堂經理有基不在號令而在綱紀所謂折衝以精神而無煩師旅：盖

陛下已洞晰天下之治原而盖知舜干之化行將媲美虞廷鑾弓之風必有同符周武者欲圖實致則不能外精神以為他圖欲計久長亦不能含精神以脩未計精神一弛豈惟兵不可以轉弱爲強即朝夕左右之羣工且無以通籲陛而成泰交精神一勵豈惟兵可以挽衰成盛即四方萬里之遐荒亦有以孚心志而樂歸命矧禁旅親承

簫鼓之風猷其顧化既速於袍鼓邊戍獨荷優渥之賚乎其感數益切於銘鏤材官沐浴於世賞之久遂豈無招麾自矢之

念也敢沾濡於耕鑿之永庇孰忘制挺使撻之思而患其終忸於宴安陷於積習於振飭之效不可斁乎抑臣猶有獻焉君身者天下之本也綱紀所由植立精神所由運旋也君心者尤君身之本也植綱紀而不以始終改節運精神而不以久暫易操者也臣望

陛下體天行之健而日日維新秉不息之強而乾乾匪懈紹休於禮賢置館延儒直閣之初制而咨詢不憚於勤勤則議及修攘而從容講畫之閒可以得詳審嚴密之體因可以鼓流通貫徹之忠繼美於函夏混一胡氛驅蕩之弘規而眷注不吝於蕃錫則功在修攘而奔走禦侮之餘可以奏泰山四維之安因可以激集懋廣益之助勿以

春秋漸盛而移慮於自逸之途則獨運於
璇宮瑶室之中而精神自與窮簷蔀屋相晉桌勿以物力豐盈
而適志於恬足之境則自守於澹泊寧靜之內而綱紀自與
遐陬僻壤相臨宣其以仰承
祖烈而跨越成周端有不出户而知天道不大聲色而坐制四方
者矣臣伏讀
聖制居安慮危之一言而悉攄忠藎則含清心寡欲則無所以肅
綱紀而聯精神者所謂正心以正朝廷正朝廷以正百官正
百官以正萬民其道必不出此而用武以維文之事治兵以
修正之實宜舉而措之耳惟望
陛下垂聽蒭蕘採擇而施行之天下幸甚臣愚幸甚臣草茅賤士
不識忌諱干冒

原書缺頁

也言者謂宜省議論振紀綱似矣乃謂夫孔多莫執厥度之外惑文歷列聖遺扞罔之姦今何以能簡法何以能嚴懲茲欲擇遠猷以定命執大寶以成孚使令重君尊國安而民以寧壹其何修而可多士其悉意以對毋泛毋隱朕將親覽焉

臣翁正春

臣對臣聞帝王之臨御宇內也必有致治之實政然後化機擴而風厲之典以彰必有宰治之實心然後化原端而中正之極以建實政者何中畫一之條畫確然之軌以寰攝遐邇使萬民之心志耳目日繫屬於象魏而被濯維新者是也實心者何黜繁縟之文凝真誠之懿以默制鈞陶使一人之精神意慮日淪浹於寰區而鼓舞莫測者是也實政措於外是即其整齊嚴肅者與斯民相持循而明示之以法也法立而

天下即以法遵之矜何患乎輿情之弗率實心存於內是即其肫篤懇切者與斯民相漸摩而潛喻之以神也神運而天下即以神孚之又何患乎國維之弗張隆古帝王所以凝旒大寶而朝廷體統巍然等天地之常尊端拱穆清而宗社生靈晏然若盤盂之永謐者繇此道耳藉今有實心矣而非政以出之則宵旰雖勤鼓舞無術人心風俗安所振而劘焉而天下之勢卒日流於潰亂而不可收有實政矣而非心以宰之則粉飾徒具粹白已漓政教號令安所凝而注焉而天下之機卒日至於頹弛而不可振此輓近之陋習庸主之淺圖固宜淳熙鑠懿之理寥寥乎罕覯也蓋不能無待於

今日矣欽惟

皇帝陛下

歷科廷試狀元策　首集

己丑狀元　漪園　焦　竑　編集
己丑榜眼　曙谷　吳道南　校正

壬辰科

皇帝制曰朕遠稽古昔而有感於胥庭沕穆之世其民不誘而親不嚴而治意甚慕之而淳風既邈至道靡得而徵焉二帝之典三王之誥其粲然者則可見矣或者乃謂道衰於書契德薄於政教又曰虞夏之道寡怨於民商周之道不勝其弊豈質文之變帝王所不能違歟三代而下惟漢之詔令為近古王通氏至取以續書而或褒孝宣之烈優于孝文或美元和之治懿于永平豈寛嚴之宜父子亦不相襲　夫道萬世無弊弊者道之失也信斯言也皇極敷言固自有本而不專恃

于今歟乃樞機喻以絲綸精神象之渙汗鼓舞擬于風霆定
保比之金石其稱令若此慎重抑又何也我
太祖高皇帝經綸草昧開闢文明若
祖訓大誥諸篇正綱常定名分戒偏黨詰凶頑
聖謨洋洋同符典誥亦可悉舉而揭厲之歟朕祗遹
先休恪遵成憲凡植綱陳紀匡世範俗之具可以維教化淑人心
者儲思延訪至熟矣乃勸誘愈亟玩愒愈滋禁戢愈詳悖慢
愈甚往士伍辱將校今則猱刃嚮之矣往屬吏徵官長今則
露章彈之矣往宗庶許親藩今則裹甲攖都市矣往豪右蕩
有司今則衿弁鬨公庭矣其他恣睢無良背禮而傷義者難
以一二數而詔之不聽誡之不悛即三令五申徒勞無[illegible]
切寢閣豈奉宣之失職歟抑令煩法弛所以敕之者[illegible]

天縱玄德應五百載之昌期
躬撫璿圖紹億萬年之正統出
齋閣箴銘以檢心性
志勤時幾罷貞觀政要而講禮經
神游聖學流汪濊之澤中外沾濡廓嚴肅之威華夷震疊治隆
化洽蓋已軼三踰五卑視近代而樸樕之矣迺猶
聖不自聖進臣等而首諏以帝王文質之變與夫漢令寬嚴之宜
終有感於玩愒悖慢之風而深惟乎尊君安國之術臣有以
仰窺
陛下之心即虞帝之疇咨周王之訪落不勤於此也臣竊伏蓬蓽
志願輸忠非一日矣方思乘泰交之會以効芹曝對
清問諄諄下逮敢不披瀝以對臣聞之書曰惟皇上帝降衷於下

民若有恒性克綏厥猷惟后易曰天下有風姤后以施命誥
四方蓋八紘之廣林總之衆風氣異宜習俗異尚懷智欲以
相傾負才欲以相役匪整齊之則亂匪約束之則爭君人者
纘神靈之統握君師之權而爲萬民主者也所以整齊約束
俾之順軌嚮方焉者疇能意喻而色授之道必有假於令矣
臣稽胥庭之世民不誘而親政不嚴而治質文無所損益因
華靡所沿襲渾渾灝灝蓋忘言之至理而沕穆之玄風也烏
覩所謂令哉裔姟以降堯明五教而萬邦協舜徽五典而百
揆敘數命皋常爲之謨也綏猷修紀湯之烈也迄成周經制
大備而昭明之化爛焉之數帝王者質文遞變豈競飾聲悅
以炫天下觀聽而睽盭古初哉羲皇世遠民僞滋矣如必欲
焚符破璽剖斗折衡塞師曠之耳抉離朱之目與天下相安

無爲以幾結繩之理庸可冀乎故質文之不能不變也猶著之必寒水之必東也勢也聖人不以勢之所趨者委之於不可爲而書契作焉政教詳焉要亦循其勢與民宜之耳迺其精純粹美之眞忠信誠懿之懿直與禮制文章相綢繆則固有不專恃令者在世主闇於大較槩云道衰而德薄也虞夏寡然而商周滋槩也則膠柱鼓瑟之見而未覩聖人運治之精矣三代而下近古莫漢文中子曰漢之制志典冊幾於典誥終之以禮樂三王之乘也豈非以徙令哉繇今觀之柔道化民孝文之治幾矣迺崔寔以孝宣爲優綜覈裁決永平之政嘉矣迺曹丕以元和爲懿不知乘弱之後而令嚴斯一時振刷之效起然豈槩一開卒爲基禍之主則孝宣未甚優也乘強之後而令寬斯一時長者之名著然竇憲一寵竟以外

戚之漸則元和未甚懿也雖其寬嚴異宜先后或不相襲要以未適於道均焉耳何也古今不同者法歷古今而無弊者道道者權衡乎文質之變調劑乎寬嚴之宜而爲皇極敷言之本者也彼樞機喻以絲綸精神象之渙汗鼓舞擬於風雷定保比之金石胡稱令典重若是詎非以彙籥於道爲之宣洩而不在區區告誡間歟則實心之謂也洪惟我

太祖高皇帝掃滌胡元再造寰宇創制立法規古始而酌時宜臣嘗伏讀

祖訓大誥諸篇星列碁布間若正綱常而定名分戒偷黨而詰奸頑眞洋洋乎典謨並茂關石俱傳矣大都有頓綱挈裘之體無倒持旁落之嫌有電行雷動之威無牟文狥俗之陋二百餘年來其所培養嚬咻者甚厚而其所激勵震肅者又甚詳

繼時濟海內外斷斷欽遵帖然循守罔敢越軼無敢絕而不可拘無閒錢而不可開豈偶然之故哉我

陛下紹天闡繹二紀於茲諸凡蒞綱陳紀匡世範俗之具犁然悉矣固宜將士效腹心之誠百寮崇揖讓之雅

藩輔合行葦之誼黨序敦樸棫之風即有魑蜮亦當潛消於太陽下安敢鴟處亢命其間哉胡世教衰物情玩遁有不勝其弊者曩士伍辱將校變非輕也今且操戈嚮之矣邊鄙之紀法安在曩屬吏傲官長事非細也今且露章彈之矣尊卑之體統奚存以宗屬許

親藩倫序不倒置乎至於衷甲攫鄉市兜攬胡可言也以豪右陵有司名分不弁髦乎乃衿士閧公庭縱恣將何極也他如此類尤難悉數頻詔之不見聽誡之無悛心誠有如

聖制所謂勸誘愈[illegible]而玩愒愈滋禁戢愈詳而悍慢愈甚者歟欲一舉而振飭之道將奚繇語曰治悍馬者利其銜策矯曲木者致其繩墨今日之勢何以異此臣以爲非可姑息貸虛詞借也在於實政實心加之意耳夫所謂實政實心者非他省議論也振紀綱也省之振之而持以决行以斷也方今小加大賊防貴跋扈無良鴟張罔忌人心玩矣國是搖矣而憑唇吻者輒肆意於雌黃沽名譽者競騰頰於章牘辱將領則奪將領之符辱監司則褫監司之組言及鑾宗庶則見謂宗盟之當厚言及振士習則見謂士氣之當伸此是彼非甲可乙否名實亂於築舍之謀刑賞混於羅庭之訟致今積目詣難之夫蹢躅跳踉而莫敢誰何要在其警奸頑而重國體哉故

臣謂議論宜省也議論省矣至所以建威銷萌使天下惕讋

震懼而不敢犯者不有

朝廷三尺法在乎彼其初所發難者不過十數人而止吾康其實節奮然一大創之攘臂干分渠魁必僇裂毗首亂兩棚必誅情有可卹也而搆煽之罪必不可不嚴事有可原也而冠履之分必不可不正令嚴禁肅有若董安于之論高山絶澗馬牛不入者誰不搏心揣意以安分守哉故臣謂紀綱宜振也夫紀綱者法也而有法法焉若蓋四海億兆之衆不從上之令而從上之好其所遵軌順旨者不在上人所建立之法而在其行法之意故干行越紀之誅加於小弱而或回貸於強悍則法不行凝脂束濕之禁施於孤寒而或寬假於勢要則法不行斧鑕之典重矣或陽示其罰而陰有所縱舍則法不行風霆之號肅矣或始令之峻而終有所遷搖則法不行

必也恩不以卑賤遺罰不以强貴阿既不以嘔煦惠姑亦不以姑息蓄縱執此堅如金石行此信如四時攄此無私如天地此又臣所謂者議論振紀綱之實心也惟有實政則其紘數常張其繩結常密故令出人咸畏之而不敢叛惟有實心則其意慮常貫其竅會常通故令出人咸信之而不忍叛庶幾哉國體崇人心壹乎雖然務實以圖治者喆后之懿軌也用人以弘化者英辟之訏猷也誠念邊鄙而簡用撫臣則挾醪挾纊足以生威而庚癸之呼自息念民瘼而慎擇大吏則茹蘗飲冰足以率屬而陵替之風自維念

宗室而宗正得人如劉向者斯敦睦有倡人皆河間東平之賢斧斤可以不煩矣念庠序而師表得人如胡瑗者斯訓迪有方士皆鄒魯闕里之行絃歌可以成化矣故臣竊謂用人尤

要也廼總之不外乎人君之一心今
陛下靜攝齋居旰衡圖理所以培植化原者豫矣顧天人之介昜
消危微之關難辨儵操持少弛他如靡曼艷郁一切可喜之
欲得以牽引此心將精神惰窳而弗振幾務廢閣而弗張其
所繫豈淺鮮哉臣又願
陛下乾綱日奮敬德日新養心於邃密而不間
天廷計慮乎萬年而不忽微眇親近乎碩輔而不惑憸壬益務
講學益勤
顧問則康濟之志誠精明之慮生故號令未頒而志所嚮往便為
需澤象魏未布而神所凝注即為靈爽由是遠猷究命大寶
成乎將臣工祇承疆宇寧謐用以燒皇王之休風紹
祖宗之鴻烈何難焉區區漢唐毋容置喙矣此非臣臆說也宋儒

程顥言有關雎麟趾之意然後可以行周官之法度適哉之

高皇帝祖訓首章亦以持守一節繼於正綱常等篇之始即

聖制所謂皇極敷言固自有本者是也伏惟

陛下俯垂察焉臣草茅卑賤罔識忌諱冒瀆

宸嚴不勝戰慄隕越之至臣謹對

歷科廷試狀元策　天八集

乙丑狀元　漪園　焦竑　編集

乙丑榜眼　曙谷　吳道南　校正

乙丑科　萬曆十七年

皇帝制曰：朕惟自古帝王立綱陳紀，移風易俗，一禀于禮法，使尊卑有等，上下相承，然後體統正于朝廷，教化行于邦國，所以長久安寧有此具也。當周之隆，天子總六官，六官總百執事，分職率屬而萬國理，朕甚嘉之，甚慕之。是操何術而臻此？迨其叔季，先王之遺澤固在也，何以陵夷若是？其興衰得失之故，可得而言歟？至漢文時，有以棄禮義、捐廉恥長太息者；神爵中，有以述舊禮、明王制爲本務者；宋嘉祐間，有論審勢稱殷之先罰者，有疏謹習比唐之季世者。或謂西漢貴刑名而

關于禮文宋盛聲容而疏于法制然則諸臣之言果皆應古
誼合時宜者歟我
太祖高皇帝用夏變夷敷政立教嘗
諭侍臣曰禮法明則人志定上下安又曰制禮立法非難遵禮
守法爲難乃集爲禮制著爲定式頒律令大誥于天下洋洋
聖謨布在方策可得而揚厲歟朕以沖昧嗣守
鴻業十有七年夙夜兢兢惟
成憲舊章是監是率間者深詔儒臣進講禮經重輯會典使諸司
有所遵守庶幾紹休
聖緒以興太平乃世教寖衰物情滋玩習尚亦少敝焉其甚者士
伍辱將校豪右凌有司宗族訐親藩屬吏傲官長陵替若此
何以消其悖慢使就約束歟貪贜敗節奢侈踰制讒說殄行

虛聲貿實詭異壞心術傾危亂國是浇漓若此何以救其頽
靡使還雅道歟今詔書數下申令既嚴而蕭陛之間輦轂之
下猶有壅閼不行者無乃禮教不修法度不飭歟抑風會日
流而不返積習已成而難變歟將朕闕于大道無能率作省
成而示之極也茲欲禮達而分定法舉而令行綱維振肅習
俗淳美以覲揚
聖祖之光烈而遠追成周之隆何施而可爾多士其悉抒所蘊詳
著于篇稱朕意焉毋有所諱

臣焦竑

臣對臣聞帝王之臨馭天下也必有經治之實政然後其具
彰而有以成整齊天下之化必有宰治之實心然後其本立
而有以妙轉移天下之機何謂實政飭制度明憲典使天下

分定而心安威行而志懾目範于精明嚴密之規而清和咸理者是已何謂實心懲玩愒謹幾微使天下不約束而嚴不刑名而肅獨運于淵微有密之妙而鼓舞莫測者是已實政層于上則相維相制能創之必能行之能倡之必能遂之是明示天下以軌也而我之治具既綢繆于禮與法之著實心孚于下則相漸相靡身奉之又心安之始從之又終守之是潛喻天下以神也而我之治本又綰結于禮與法之先古帝王所以陶範一時鎔奕千載端居黼扆而朝廷之上巍然體統之常尊高拱堂皇而濤流之遠蕩然教化之四達者此道行焉耳耕今有治天下之心而其具不備則雖有宵衣旰食之勤而卒病于經畫之無術有治天下之具而其本不豫則雖欲國紀世風之振而卒病于斡旋之無機此治古而下也

瑟罕調王綱絕紐而一代之隆理不能不有待于
今日也欽惟
皇帝陛下挺聖哲之英姿恭
祖宗之庥烈
經筵臨御親賢講禮而匪事乎文爲
齋閤箴銘養性收心而豫端乎執則百寮奉法四海嚮風蓋已
收太阿于掌上鼓大治于域中而成周之治行且軼而駕之
矣乃猶不自滿假進臣等而策之于
廷諏以立綱陳紀移風易俗之道騭前王之得失慨當世之陵
夷且欲挽侍慢澆漓之習而明乎率作省成之術也臣愚何
足以及此雖然發憤畢誠圖策安危臣之願也敢不披瀝以
對臣觀人君之于國必有所與立上之率乎下也爲紀綱則

君之所以提挈振舉之謂也下之化于上也爲風俗則世之所爲漸靡成就之謂也乃紀綱之所繇立風俗之所由熾必有具焉有禮則上下辨民志定而收天下清凈寧一之功有法則寇賊息姦宄寧而杜天下倍畔侵凌之習　寧作憂省爲禮法之本則禮嚴于無體法威于不怒而神天下潛移默化之機此其尊卑有等上下相承紀法立而風化行繇此出也嘗稽成周辨方正位體國經野設官分職以爲民極故以三百六十爲而統之六卿以六卿而統之天子其和邦國者曰六禮以吉禮祀邦國之鬼神以凶禮哀邦國之憂以軍禮同邦國以賓禮親邦國以嘉禮親萬民無非肅然示天下以不可易之分也其禁邦國者曰五刑野刑上功糾力軍刑上命糾守鄉刑上德糾孝官刑上能糾職國刑上愿糾暴無非

凛然示天下以不可犯之威也然其董正治官也必曰祗勤于德師聽五辭也必曰敬逆天命而又曰成攷日月要攷月歲終則命百官府各正其治受其會聽其致事而詔王廢置三歲則大計羣吏之治而誅賞之然則興事省成之說雖肇于有虞而惟周爲備矣故教化纏綿法度毖勅當其時兔罝備干城之材游女勵貞一之操下之化也方沛如建瓴則在上可知也而何風俗有弗醇周禮可以寒耆難之大夫明德此蔑析問鼎之楚子世之衰也猶憚于委裘則盛時可知也臣谷涼綱有弗飭昔人論太和在成周宇宙間　此具此本寖迫及後世即維持世道之具不能備舉而　其本乎故漢宋諸臣因時立論有不能槩同者賈誼以棄禮義捐廉耻而太息王吉以述舊禮明王制爲本務彼非不知法制不可

疏而顧惓惓于禮也蘇洵論審勢則稱殺之先罰司馬光疏謹習則比唐之季世彼非不知禮文不可闕而顧惓惓于法也炎漢尚刑名而禮教多乖趙宋盛聲容而威刑或弛故諸臣各就其所不足勉之乃矯世之孤談非適治之通理也何也漢當列國離析之餘危疑震撼而非振刷之以法其勢終衡決而難行宋承五季陵夷之後寡廉鮮耻而非馴擾之以以禮其心終頑頗而難格然而治偏則補敝則救極重則反以彼創業之主審于時繼體之世闇于變即諸臣陳見悃誠補苴罅漏亦托之空言而已欲其厚風俗正紀綱而復覩成周之盛也必無冀矣

太祖高皇帝驅除元孽用夏變夷乾坤闢而載正日月滌而重朗其功高于古不待言者乃其修明政紀與關石而俱爲經綸

禮文縟典則而俱茂又何其詳且備也嘗
諭侍臣曰禮法明則人志定上下安又曰制禮立法非難遵禮守
法爲難故集爲禮制頒爲定式與夫律令
大誥諸書其所以示
十一朝之型範開億萬載之太平者至矣暨我
皇上起而承之夙夜兢兢唯
成憲舊章是遵是式故
宮闈有貫魚之序藩輔絕剪桐之嬉憂旱災則躬步禱之儀敬
大臣則隆召對之典其修禮也即天澤之辨不秩于此也凌
肆雖貴近必斥權横雖身後必誅馮湖變莫之釁不以功掩
夙沙豎貂之黠不以昵釋其修法也即雷霆之威不赫于此
也國宜治化綏休

祖烈踵美周南易易耳何世教寖衰物情滋玩於習尚不無少敝

馬者故春秋之法貴理賤尊統卑所以肅紀綱也乃今長分符而豪右得以抗其吭閫帥建牙而悍卒得以譁于伍以宗庶而許親藩以厲吏而傲官長則凌替甚矣而何以成運臂使指之勢有周之罰析言破律亂名改作所以正風俗也今貪黷與汰侈齊彰譏說與虛聲並肆尚權譎者以危言撓國是標奇詭者以左道壞人心則澆漓甚矣而何以弘風行草偃之化故德雖覆六合而簾陛之間或壅而不盡究威雖讋

四裔而

輦轂之下或亢而不盡行誠有如

聖制所言者茲欲消其悖慢而使就約束挽其頹靡而還之雅道

非有他也臣願

陛下于實政加之意而已何則禮教之不修非可易復也臣以爲行之莫要于偪夫貪婪邪侈至亡行也彼乃非心無恤者誠見夫鴟張之得志而惟惴者之無以自完也故機巧者狃組立升其詬者奮緣自免至恬澹拙訥之人且退而不敢喘息則何行之能修雖然不盡爾也其特立獨行者必有一二人焉廉其實即一舉而風厲之世方輕恬澹也我則必重世方賤拙訥也我則必貴如李牧之立標命射人無不赴者則孰不回心嚮道以象上指乎此所謂修禮樂之實政也法度之不飭非可易振也臣以爲行之莫先于斷夫犯分冒上至臣等也彼乃肆行無忌者誠見夫恣睢之幸免而檢押者之無以目異也故辱監司則鮮監司之組凌將領則奪將領之符至瞋目語難之人且任而不敢誰何則奚憚而不爲雖然不

盡爾也其桀跐首亂者不過十數人焉廉其實即一舉而大創之攘臂于行則渠魁在所必僇訛言動衆則兩觀在所必誅如董閼于之論高山深塹馬牛不入者則孰不摶心揖志以奉上令乎此所謂飭法度之實政也夫嚴母之育貞女也入有重關出有鳴佩寢有絓結而後修潔之行成焉造父之馭馬也齊輯于轡銜正度于胸臆執節于掌握而後調良焉禮教者士人之絓結而法度者秉民之轡銜也是可不行之以實也哉雖然臣猶有進焉語有之君行意臣行事蓋禮教之不修則修之而已法度之不飭則飭之而已此有司事也至若深惟表正之原規恢綜核之務率于修禮明法之先而宥于教成法行之後則臣所謂實心而治天下之意也臣願

陛下一加勉焉蓋講藏記修

令典此禮之文也誠因此而務實以興之玩好可以悅心目徭
無爲禮之妨乎美麗可以適志日滯無爲禮之蠹乎法行戚
畹而沁水之田園必裁威始貂璫而斜封之恩澤必節雖禮
法未備而虔巳竦神悅而承流者翕如矣四風會挽積習此
下之事也誠因此而務實以省之
蓋接不可勝矣而章疏之出入必稽
口講不可曠矣而典制之廢興必覈誅姦欺則不使有漏網之
之令釋寃抑則不使遺覆盆之照將禮法具舉而奔走服從
聞命恐後者懍懍矣蓋禮法之維天下也是耳目形體之相
攝屬也而率作省成則精神以紐載之淪浹之者也譬有
所向足不煩諭而行心有所之口不待言而喻實之感人何
以異此故臣始終以實之一言爲

陛下告焉非能爲新奇可喜之論而自效其區區之芹曝如此伏

望

陛下矜其愚不録其罪而

賜神采納焉臣愚幸甚天下幸甚臣謹對

皇帝制曰蓋聞上古無爲而治不賞而民勸不怒而威于鈇鉞何其盛也而儒者之論治曰有功不賞有罪不罰雖唐虞不能化天下又謂夏后氏先賞而後罰殷人先罰而後賞周人修而兼用之則二帝三王所繇固與上古殊路歟何同歸于治也又有言賞疑從予罰疑從去者有言帝僭無濫者有言仁可過義不可過者以爲古昔帝王皆以君子長者之道待天下然則先罰後賞者非歟抑賞罰者帝王致治之具而非其所以治歟我

聖祖繼天立極垂憲萬世恩威莫測其用賞罰務協于中其揭諸

祖訓首章及載諸

聖政記者同符治古可得而陳其槩歟朕以寡昧託于臣民之上

十有四年矣夙夜兢兢惟古訓是式
成憲是遵不愛爵祿賜予以待功能之士而不法者以三尺重繩之明示好惡以與天下更始然德澤壅而不究法令泯而不行任老成奬恬退以敎讓也而浮競之風益甚董苞苴罪貪墨以訓廉也而澄清之效罕聞習俗奢侈示之以儉而人心猶溺于紛華刑獄寃濫示之以寬而吏議多工于鍛錬蠲租賑窮詔賞數下矣胡閭閻之困未蘇振旅詰戎令亦屢申矣胡牖户之防未密無乃勸懲之法闕而未備歟抑所謂修職任事者濫賞而欺漫避課者佚罰歟殆朕之不敏不明所以風厲之者非其本而督率之者非其實也茲欲賞信罰必以
紹明
聖祖之法而追古帝王之治何修而可爾多士居則稱先王譚當

世之務其尚究析古今根極體要詳著于篇勿泛勿隱朕將
親覽焉

臣唐文獻

臣對臣聞帝王之臨馭宇內也必有憲天之實心而後可以端治本必有法天之實政而後可以宏治功何謂實心蘊諸宥密之中運諸淵微之表意所予而速于令神所撝而惕于威操潛孚默化之術而使天下以懲以勸者是已何謂實政衡諸時勢之宜達諸經制之際予而必期于當功奪而必期于當罪執精明嚴密之權而使天下以榮以辱者是已實心以運于內是謂喻天下以神而天下即以神孚之故其道同天之無爲而治本自我以端實政以措于外是謂維天下以法而天下即以法遵之故其道同天之有爲而治功自我以

舉古帝王所以不可階序而化馳于風行不出庭帷而令捷

于桴鼓用此道耳離今本之不端而徒以其法令之相與天

下相把持則精神與治道不相貫通而雖有所經畫注措要

亦秖爲粉飾之虛文其何以培天下之化原功之不舉而徒

以其循行之迹與天下相從事則法制與人情不相維繫而

雖有所鼓舞振作要亦僅爲太平之壯觀其何以臻天下之

至理以是爲政是末世之陋風世主之淺術也即欲躋一世

于綱紀法度之中而措四海于均齊寧一之域其道無繇矣

欽惟

皇帝陛下

聰明睿智有其足以有臨之資

惕厲憂勤存不敢康寧之意

宵衣以圖政而鉅細必親
日新以問學而寒暑不輟
憂旱則
步禱
郊壇立致甘霖之應
納諫則
躬御煖閣不覺晷刻之移斯固已囿天下于春風和氣之中而震
天下以雷厲風行之烈天下喁喁然謂五帝可六三王可四
矣乃猶
聖不自聖進臣等于
廷
俯垂

清問惓惓乎舉古帝王所以用賞罰之道古儒先所以論賞罰之旨而繼之以風厲督率賞信罰必兩言欲臣有所陳說臣不敏其敢無辭以對揚

休命于萬一即蓋臣聞之書曰天降下民作之君作之師惟其克相上帝寵綏四方是知君者天所命也天有福善禍淫之理而其權恒寄之君君握命德討罪之柄而其道恒法乎天故潤之以雨露天所以示恩而人君法之則于是有賞析之以雷霆天所以示威而人君法之則于是有罰賞罰者帝王制馭人羣之上術也彼上古之世其政熙熙其民皞皞非無賞也而朝野皆相率以勸于善即賞有時而不必用非無罰也而遠近皆相率以懲于惡即罰有時而不必施斯無為之至治而極盛之休風矣自是厥後皇王之政若循環而儒者之

論亦人人殊指故稽九官之命則知唐虞不能廢有功之賞而夏后氏承勳華繼美之後成周當文明大備之時則或先賞後罰或兼用夫賞夫孰非彰善以示天下勸者耶考四凶之誅則知唐虞不能廢有罪之罰而有殷氏承夏桀淫比之後成周氏當殷頑未靖之時則或先罰後賞或兼用夫罰夫孰非誅惡以示天下懲者耶彰善以示天下勸而激厲鼓舞之恩固嘗寓于爵秩褒嘉之內誅惡以示天下懲而哀矜惻怛之意亦常流于創艾誅夷之中故古帝王賞疑則從其予不虞其失之僭也是所謂仁可過者也罰疑則從其去惟恐其失之濫也是所謂義不可過者也蓋政則代有變更而其適于治則一言則人有可否而其宜于治則均要之皆以精神心術之蘊運之慶賞刑威之中而世底熙平人還渺穆端

不越此矣洪惟
皇祖繼天立極
垂憲萬世當夷風肅殺之秋適海宇清寧之日時則恩威莫測其
用賞罰務協于中至今誦
祖訓首章及識在
聖政記者大都煦育與震曜並行而矜全之意常勝渾厚與精明
並運而峻法之戒常嚴是所
十一朝之忠厚而貽億萬載之太平[illegible]有自矣而我
皇上復承之夙夜兢兢日惟古訓之是[illegible]
成憲是遵是式故微長必錄片善必褒即雨露之恩不渥于此也
憸夫必黜姦黨必誅即雷霆之威不肅于此也蓋十有四年
以來而淳風既已翔洽和氣既已鬱蒸矣然臣伏讀

聖制謂德澤壅而不究法令沮而不行則臣以爲誠亦有之然往
老成耎惰退將使百官興睞矣而脂韋進巧宦者[illegible]矣
之風果盡戢乎革苞苴羅賄賂將使群辟興廉矣而羔鴈塞
途筐篚載路澄清之效果可冀乎習俗奢侈示之以儉而消
傷后歸墻虛文繡者所在如是紛華猶故耳刑獄寃濫示之
以寬而法擬秋荼修甚屠伯者隨處而有鍛鍊猶故耳蠲租
賑窮
詔嘗屢下矣而蓋藏未備逋逃未復未敢謂閭閻之困已蘇也振
旅詰戎
今亦屢頒矣而韜鈐未講尺伍未實未敢謂牖戶之防已密也蓋
廟堂之上所勸誘者如此而天下或有賞之而未必勸者是雨露
之恩有時而不潤也所懲創者如此而天下或有罰之而未

必懲者是雷霆之威有時而不懾也茲欲一舉而鳌之其道亦豈有加于賞罰二者而已哉蓋賞罰者人主所以飭治非苟爲具已也我未行一賞而天下已于我乎覘恩而或謂爲餙喜之迹即疏茅土錫圭綬往往傴于暱近而脩職任事卓有成效者乃或抑而不予則不僭謂何而人于是莫知勸矣我未行一罰天下已于我乎覘威而或謂爲餙怒之文即褫章服移郊遂往往苛于疎下而欺謾避誅具有實迹者乃或倖而逋誅則不濫謂何而人于是莫知懲矣故欲行賞罰莫大于法天法天之道莫先于核功罪之實而行之以斷是故旌考槃之薖蹈而嗜薇若渴者黜勿予退讓之風何不可幾也褒酌泉之稚操而趨利若赴者擯勿齒澄清之效何不可必也奢侈未殄則必示等威之式嚴僭忝之誅而俗必知崇

儉矣欲蘇閭閻之困則去宣德惠者陟以顯秩而黜闒濊遝者菲之無赦可也欲審鄰戶之防則加志訓練者優以重典而玩愒戎行者置之不原可也如是則風厲之術操之在上而民從之如流水非從賞罰之法而從以心也督率之權亦握之在上而下式之如轉樞非式賞罰之文而式以實也又何德化之不可洽昇平之不可致雍熙太和之理即唐虞非所尚奚況三代哉抑臣猶有獻焉

朝廷者四方之極也君心者萬化之原也惟不好逢迎之術而競進者無所容惟不營帑藏之積而嗜利者有所憚惟不侈供御則奢者媿惟不峻刑戮則殘者戢惟軫痌瘝之視而民困可甦惟切外寧之懼而邊防可固故臣亦願

陛下實求之心而已勿以左右近習爲悅而蠱此心勿以賢士大

夫爲儼而逸此心勿以物力豐盛而或以土木荒此心勿以運際承平而或以畢弋蕩此心勿以邊境無虞而或以戰伐黷此心惟益務

講學益勤

顧問則淵微

密勿之内皆清心寡欲之資而虛冲恬澹之中皆端本澄源之計故爵賞未頒而遠所嚮往即爲霈澤刑罰未施而神所凝注即爲霜爽自是而百工日以式化疆宇日以寧謐即以紹明

聖祖之法而追古帝王之治又何難哉此正所謂風厲之有本而督率之以實者惟

陛下留神而採納焉天下幸甚臣愚幸甚臣草茅下士不識忌諱冒瀆

宸嚴不勝戰慄隕越之至臣謹對

癸未科萬曆十一年

皇帝制曰朕聞治本于道道本于德古今論治者必折衷于孔子孔子告魯君爲政在九經而歸本于三達德至宋臣司馬光言人君大德有三曰仁曰明曰武果與孔子合歟光歷事三朝三以其言獻自謂至精至要矣然朕觀古記可異焉曰其仁如天其智如神曰明物察倫由仁義行曰其仁可親其言可信皆未及武也獨自商以下有天錫勇智執競維烈之稱豈至後王始尚武歟近世儒累隆基之主或寬仁愛人知人善任或明明廟謨赳赳雄斷或迹比湯武詒謀成康或仁孝友愛聰明豁達則洵美矣而三德未純然亦足以肇造洪緒何也其守成纘業者似又弗如或以仁稱如漢文帝宋仁宗以明稱如漢明帝唐明皇以武稱如漢武帝唐武宗獨其一

德而亦增光宗社何也彼所謂兼三者則治闕一則衰二則危毋亦責人太備歟又有疏六戒者曰戒太察戒無斷陳九弊者曰眩聰明勵威強上六事者曰不喜兵刑不用智數其于三德果有當否歟朕秉乾御極十有一年于茲夕惕晨興永懷至理然紀綱飭而吏滋玩田野墾而民滋困學校肅而士滋偷邊鄙寧而兵滋譁督捕嚴而盜滋起厥咎安在豈朕仁未溥歟明或蔽歟當機而少斷歟夫一切繩天下以三尺則害仁然專務尚德緩刑恐非仁而流于姑息一切納汚藏疾則害明然專務發奸摘伏恐非明而傷于煩苛一切寬柔因任則害武然專務用威克愛恐非武而病于亢暴是用詔所司進多士詳延于廷諏以此道諸士得不勉思而茂明之其爲朕闡與談之上推帝王之憲稽當世之務悉陳勿諱朕

眷茲洽聞將裁覽而采行焉

臣朱國祚

臣對臣聞帝王之繼天以凝命也必全君德以端天下之大本而後可以弘經遠之猷必酌時宜以操天下之大機而後可以致泰隆之治何謂大本斂之淵微之内而達諸應感之交慈祥愷悌盎然而可親精明瑩徹烱然而無蔽剛毅果斷確然而不移凝神于端莊靜一之中而渾融無間者是已何謂大機審諸時勢之宜而権諸遲速之際兼容併包不流于姑息先見玄覽不失于苛察總覽獨斷不嫌于刻覈觀變于動靜陰陽之妙而化裁無迹者是已全德以為之主則酬酢萬幾錯綜萬變一精神性術之流動而不窮于出治之無本隨時以制其宜則上協天道下合人情乃轉移化導之微權

而不患于致治之無機治古帝王所以不下階序而化行若神躋一世于泰山之安而九圍式命肇國祚于苞桑之固而萬國傾心用此道耳藉令爲治而不本之以德則雖有所設施注厝亦將墮于私智小術而推行無準何以端天下之治本而躋一世于雍熙修德而不運之以機則雖有所謀謨智慮亦將流于偏見寡識而泛應無權何以弘天下之遠猷而登斯世于上理此踵近世之陋規非上聖之宏圖而極治之要道也欽惟

皇帝陛下

稟剛健中正之資

備文武聖神之德

孜孜問學寒暑不替而維皇之極已端

事事講求鉅細不遺而望道之心甚切
溥弘敷之澤與河海而同深
廟嚴肅之威與風霆而並震固已四三王大五帝而超出乎尋
常萬萬矣乃猶不自滿假進臣等于
廷
俯賜
清問上嘉虞周之盛王下逮漢唐之令主始之以孔子九經之言
而繼之以司馬光三劄之語而于治道之所尚特惓惓焉臣
有以仰窺
陛下之心即虞帝疇咨之心即周王訪道之心而漢唐宋諸君無
足數矣臣也竊伏蓬藋志切輸忠凡吏治之汚隆人心之淳
漓與夫養士興賢之法足兵弭盜之方其究于心久矣即不

聞顧有所陳說況

聖問彰彰如是臣敢不披瀝以對臣聞古之聖王之御世也未嘗以無本之治治之故紀綱法度禮樂刑政要皆一本于心未嘗以執一之治治之故剛柔互用仁義並行要皆可適于治此智仁勇相濟以有成仁明武相須以並濟宣聖所以上接堯舜之統而司馬光所以仰承洙泗之傳者率是道也是故唐虞之世天下號極治矣當其時黎民於變萬邦咸寧和氣盈于域中文命敷于四海又安用夫武哉顧無武之名而有神武之運精明果斷之意常寓于湛恩濊澤之中其仁如天其智如神堯之所以蕩蕩難名也而若時之命不以畀丕啓明之徹乎又何嚴乎明物察倫由仁義行舜之所以巍巍莫與也而四凶之罪不少假于象刑之惟明又何毅乎其仁剛

觀其言可信禹之所以祇台德先也而防風之誅不必貸于會稽之後至又何藉乎是堯舜禹非不用武也乃所以善用其武也商周之世天下稱至治矣當是時天下大定邦家輯寧陳師于南與觀兵于牧野豈非用武哉顧有武之迹而無尚武之心寬厚博大之規常渾然于蕭清戡定之內天錫勇智湯之所以奉若天命也而克寬克仁彰信兆民則仲虺稱之矣執競維烈武之所以永清四海也而不泄于迩不忘于遠則孟軻贊之矣是湯武非用武也乃所以善成其仁智也裔是而降創業之主肇造洪緒以開一代之治者雖其德未底于純全之域而亦足以致治故漢高帝寬仁愛人知人善任則五年而成帝業光武明明穆謨材達雄斷則數載而克中興迹比湯武治幾成康者唐太宗也而貞觀之治卒開唐氏

之業仁孝友愛聰明豁達者宋太祖也而仁厚之澤卒貽數葉之安之數君者或以英明建大業或以忠厚秉鴻休彼三德之用大同各有攸當也守成之主嗣守先業以繼一代之統者雖其德未造于純粹之歸而亦足以成治故漢文帝宋仁宗世所號為仁主也而富庶之風深仁之洽至今有遺羨焉漢明帝唐明皇世所稱為令主也而長厚之休励精之治至今有深羨焉漢武帝唐武宗世所號為英主也而雄邁之畧克敵之勳至今猶可想焉之數君者或以秉道理天下或以精勤致太平彼三德之用夫亦各有攸當也稽今崇敎大之治于尋雄角逐之世則迂矣厉鷹揚之烈于四方無虞之時則擾矣任苛察之政于民風淳厚之俗則避矣狃因循之習于起弊扶衰之際則隳矣又何以開丕基而著鴻績守成

業而致盛治也哉故匡衡疏六戒而太察之與无斷皆在所懲陸贄陳九弊而聰明之與威強皆在所黜蘇軾上六事而兵刑之與智數皆在所畧數君子者其各有見乎

陛下篤御以來十有一載于兹矣

勵精圖治

推心任人固宜吏稱民安政修事理邊疆無桴鼓之警方內無

盜賊之虞以彰

陛下平明之治可也乃者近年以來紀綱屢飭而吏無廉靜之風田野雖闢而民無康阜之化學校常肅矣而青衿之士鮮氣節而寡廉耻邊鄙雖寧矣而驕悍之卒辱主帥而逞姦謀督捕雖嚴矣而潢池之赤子屢縱逸而拒嚴命誠有如

聖制之所詢

宸衷之所慮者此何以致之也意者有司不能仰体
德意而奉行之過乎臣愚以為吏之無良者権别未當也誠清入
仕之途公銓選之法明黜陟之等則奉法循理者益励于為
善貪墨不检者斂迹而不肆又何患乎吏治之不修民之失
業者催科太急也誠省賦斂之條緩積逋之令寬力役之征
則服田力穡者遂有秋之望游情無賴者樂耕耨之常又何
患乎民生之未遂學校者
國家养賢之所本以养賢而作新無術賢其可興乎誠欲剛方
正直之士接踵于朝博雅練達之才不匱于川則廣房學官
而慎選明師可也軍士者
國家禦乱之資藉其禦乱而紀律不严軍其可治乎誠欲二軍
之士有投石超距之勇百萬之師有搴旗陷陣之勳則時其

訓練而倡其勇敢可也盜賊之起而未息者由衣食之不給也今不足其衣食而欲以刑驅之以勢格之是趣其爲盜也無乃非計乎誠欲良民安于爲善而姦民無以爲非郡縣無橫行之吏而長吏無盤詰之警則與以可生之途授以爲善之資可也如是則綱紀畢張政事修理時有所尚德緩刑而天下不得病其姑息時有所發奸摘伏而天下不得病其煩苛時有所用威克愛而天下不得病其亢暴將見四海安瀾八荒效順又安有不升斯世于平康而躋兆民于仁壽也哉

然臣猶有所

獻焉臣聞君心者治之表也逸欲者亂之階也君心一淆天下事無可爲者臣願

陛下懋德于深宮密勿之中而不閒于

大庭

深慮夫百千萬世之遠而不忽于微眇

定計于碩德重望之臣而不惑于憸夫毋以治平無事而縱逸

樂毋以物力太盛而尚侈靡毋以財用充盈而興土木毋以

非言悅已而近嬖倖如是則

陛下之心澹然一無所好而衆欲之攻泊然一無所撓所謂仁明

武之三德自然全体而不遺時出而閎博直追夫唐虞三代

之盛奚漢宋之足云 臣草茅之士不識忌諱干冒

宸嚴不勝戰慄隕越之至 臣謹對

庚辰科萬曆八年

皇帝制曰朕惟治古帝王大經大法具在周書洪範其所以宰持萬化統攝九疇則建用皇極備矣而論者謂乂用三德實爲權衡又謂皇極以體常以立本三德以盡變以趨時則正直剛柔固與建極殊路歟抑亦異用而同體也三季以還英辟代有若躬修玄默庶幾刑措力行仁義身致太平與夫刑名繩下而表用循良柔道理物而總攬權綱者于三德亦有合歟又有可疑者政務嚴切寧從寬厚異施也胡以各適于治優柔好儒術威強則武宣異尚也胡以同歸于衰含容姑息見謂養亂而仁柔有餘剛武不足者胡以稱慶曆之隆猜忌刻薄遂致播遷而精于聽斷無復仁恩者胡以媲貞觀之美至于唐虞夏殷之盛所謂平康之世也乃弼教以象刑格苗以

于羽殛後會泣罪人敷政優優秉鉞烈烈其治亦兼用剛柔何歟朕紹休鴻業精求上理思建皇極爲天下先嘗深詔執事黜朋比期蕩平祛僞剗浮敦本責實八載于兹矣然而教化未洽風俗未同吏治未盡還淳人心未盡歸厚豈朕之不敏不明無能端好惡以示之極歟抑三德之用猶有未當歟昔人論治以水火喻寬猛以陰陽配刑德以琴瑟諭緩急與夫芟刈斧斤之設梁肉藥石之譬是可采而行歟夫合剛柔而求正直不啻用三德而猥云極建朕不知其解也故進爾多士于廷爰咨爰度其尚闡悉經訓標揭化原若何以明教正俗馭吏率人俾斯世會歸皇極用追古帝王之治悉心敷對稱朕意焉毋有所諱

臣張懋修

臣對臣聞帝王之道天道也故必有合天之心法以端化理之原亦必有憲天之治法以妙化裁之用何謂心法全體大德以爲敷錫庶民之本無偏無陂大公而順應者是已何謂治法奉若天道以爲變通宜民之政知柔知剛鼓舞以盡神者是已心法立而純粹之精與於穆而並運斯聖人之所以合天也治法行而神應之妙與大造而同流斯聖人之所以憲天也合天者以立本而建極之體主持乎三德之用憲天者以趨時而剛柔之用流行于正直之中體用合一顯微無間古之帝王所以不降階序而化行若神綱天下于王極措斯世于平康者率由此道也欽惟

皇帝陛下

躬不世之資

撫綦隆之運天下喁喁然稱

聖主矣

臨馭以來

孜孜講學寒暑不替而表正之極端

事事訪求細大不遺而平康之化普

任賢圖治

斂福錫民八柄馭臣九德咸事

德之所及與河海而同深

威之所加與風霆而並烈治化之隆固已六五帝而四三王矣

乃猶不自滿假于

萬幾之暇進臣等于

廷倩賜

清問謂帝王之大經大法具在洪範故首以皇極三德同體而異用者爲言繼以古昔君人異用而同體者爲證復詢臣等以明教正俗馭吏率人之策期使期世會歸于皇極以媲美古帝王之盛斯虞帝清問下民周王望道未見之心也臣敢不披瀝以對揚

休命乎臣謹聞書曰天錫禹洪範九疇彝倫攸叙則洪範之書乃天道也人君奉天以子民則必法天以蒞治臣請言天道夫太虛無形秉握化權溟涬漠泯澒濛鴻洞是天道之所以立體也嘘之以陽吸之以陰鼓之以雷霆烜之以日月潤之以雨露肅之以雪霜是天道之所以致用也生者殺之機翕者張之地萬物各得其和以生各得其養以成風霆日月霜雪雨露日流行于亭毒之中而太虛之體漠然不見其迹斯天道

之所以盡神也人君法天以治故皇極之疇曰無有作好無
有作惡無黨無偏王道蕩平無反無側王道正直是聖人之
心法與太虛而同体也夫使天下而盡由于蕩平則聖人固
可不賞不怒垂衣拱手而默順于理乃人之才性殊科而世
之情僞多變將默然而任之乎不容以無爲也將一法而治
之乎不能以盡變也于是以其皇極之體敷之爲三德之用
撫平康以正直馭強弱以剛柔有正治之者焉以剛克剛以
柔克柔是已有反治之者焉以剛克柔以柔克剛是已其情
爲喜怒其發爲好惡其事爲生殺予奪其權爲威福命討其
具爲禮樂法制爵祿鈇鉞是聖人之治法與日月風霆雨露
霜雪並運者也然其爲用妙矣或純用乎剛而天下不見以
爲毒或純用乎柔而天下不見以爲懦或剛而行之以柔或

柔而行之以剛或先剛而後柔或先柔而後剛鼓之舞之使天下日遷善遠罪而莫測其所以然者是聖人之所以法天而盡神也蘊之于内則渾涵精粹貫徹于幾微而化原以正運之于外則交發互施錯綜于萬變而化理以弘其相須之妙用如此朱熹所謂又用三德實為權衡陳卿所謂皇極以體常以立本三德以盡變以適時蓋得其旨哉三五之隆至德淵闕運用之妙六籍所不能模焉畧觀其迹弼教明刑疑于剛矣格苗舞羽又何柔也下車泣罪疑于柔矣後至之誅又何剛也秉鉞烈烈疑于剛矣敷政優優又柔也淒然似秋而人不以為私怨熙然似春而人不以為私德要之歸于平康正直而已斯舜禹成湯之所以善法天也自時厥後世道寖衰天亦不畀以洪範九疇世主闇于大道好惡反側既無

以建皇極之體至其治理則亦就其才性之近者而成之漢文躬修玄默幾致刑措似矣而强宗悍虜莫能制也漢宣刑名繩下表用循良似矣而無辜被戮不盡無也光武總攬權綱蓋亦兼用柔道而信讖失刑有遺議焉唐太宗力行仁義固已身致太平而推刃同氣有餘媿焉明帝政務嚴切章帝事從寬厚唐宣精于聽斷無復仁恩宋仁仁柔有餘剛武不足則又知其一而不知其二所謂東壁而望不見西墻者也彼所謂英君哲王也而猶如是況乎優柔好儒術而倒持國柄威强則武宕而見制外戚含忍姑息而凌逼于方鎮猜忌刻薄而播遷于奉天如元哀代德者又烏足道哉我

太祖高皇帝崛起淮甸肇造區夏体備玄德治兼徃聖觀其和撫四夷不勤遠畧則舞干不足以為文盛矣其戚漢極民水火則

秉鉞不足以爲武定律令飭強梗則象刑棐逆不足以爲威赦災告蠲田二則泣罪解網不足以爲德臣嘗伏讀

御註洪範以陰騭下民爲之天以相協厥居爲之君蓋仰而頌曰

斯天再錫我

聖祖以洪範九疇也斯世斯民歸極會極二百年矣我

陛下紹休聖緒精求上理虛己懸衡因物順應則好惡之私不作祛僞剗浮敦本責實則偏陂之習已消蠲逋稅謹讞獄獎賢能行久任至恩也柔道也振材官飭學校誅俠少申禁令至威也剛道也臣嘗伏讀

聖諭曰朕方嘉與臣民會歸皇極之畧曰用臻師師濟濟之風歸于蕩蕩平平之域蓋又仰而頌曰斯

天三錫我

皇上以洪範九疇也紀綱振舉黎庶樂業四夷嚮風百嘉暢遂建

極之本三德之用

陛下蓋允蹈之而平康會歸之化蓋已同符

列祖追配哲王矣乃

聖問猶以為教化未洽風俗未同吏治未盡還淳人心未盡歸厚

自引以為好惡未端三用未當而求所以明教正俗馭吏率

人之化臣愚何足以知之雖然臣聞古語君行意臣行事故

明其義者君也能其事者臣也今

朝廷所以明教正俗馭吏率人布之

詔令著之章程者固已至精至備第令有司能其事而奉其職

陛下端拱受成事耳奚必更求他術哉惟是意之所在則臣敢以

兩言獻焉其一曰明剛柔之實其二曰堅持久之志斯兩者

臣之所謂治天下之意也夫聖人之所謂剛非曰嚴刑峻法以立威也法立而使民不敢犯令一而使民知所守賞當而信罰行而必與事考成實事求是而偷惰浮靡者不得以病吾治是剛之實也聖人之所謂柔非曰姑息委靡以市恩也矜不能赦小過不侮鰥寡不虐無告恤困窮使閭閻無愁嘆之聲理冤抑使犴狴無沉滯之獄是柔之實也寓敦大于明作行正直于忠厚以義爲威而不以怒爲威以德爲惠而不以私爲惠則

聖問所謂善用三德者也世之論治者不之于此苟見

朝廷纔一用法則以爲過剛而與嚴刑峻法者並譏徒見姑息委靡則以爲用柔而與子惠保愛者齊譽非知變達化之士也故剛柔之實臣願

陛下辨焉夫天道運而不已故能成悠久之化帝道運而不已乃能深淪洽之仁故事美成在久而人之情始乎勤常卒乎怠是以聖人治天下兢兢業業慎終如始譬之日月遞照陰陽代謝無日不運乎太虛之中而不見其止息故氣化無壅而歲功成世之務迹小者前見人之不卒乎教與世之不登乎理不念積而求備即苦難而中止斯治之所以小康也故惟久之道臣願

陛下體焉夫若茲以之明教而何患乎教化之未洽以之正俗而何患乎風俗之未同以之馭吏而何患乎吏治之不淳以之率民而何患乎民心之不孚哉若夫子產以水火喻寬猛賈誼以芒刃斧斤擬德法崔寔以粱　石譬寬嚴其意則一主乎用剛者也董仲舒以陰陽毗刑德陳寵以琴瑟譬緩急

三三〇

其意則一主于用柔者也斯憤世之孤談非致理之通議也

夫天不能以奇陽獨陰育成萬物而人主之治獨可以偏用剛柔也與哉欲矯世主之偏而不知已自蹈于一偏不足爲

陛下誦也雖然有本焉三德之用原于一心心不可以一有蔽也蔽于愛憎則喜心用而好惡作矣蔽于私邪則用舍謬而偏黨成矣蔽于逸樂則志意昏而頗僻彰矣化原不端而欲三德之用不亦難乎臣願

陛下建皇極必求之于心恭以作肅從以作乂明以作哲聰以作謀睿以作聖敬止之德必務于緝熙剛健之精必期于純粹則一念之慈愛即爲仁一念之裁制即爲義斯之謂合天之心法而行之爲憲天之治法民歸皇極世底平康而康疆逢吉之慶端有在于

今日矣臣愚卒甚天下幸甚臣草茅不識忌諱干冒

天嚴不勝戰慄隕越之至臣謹對

丁丑科萬曆五年

皇帝制曰朕惟自古帝王撫運握圖統一寰宇所以綜轄庶務調劑羣品其道蓋多端矣至語其治效自詩書所述章灼較著則莫盛于虞周夫其七政齊庶尹諧六府修三事治與夫謨烈佑啓禮樂刑政燦然也朕甚嘉之慕之未審果繇何道而致然歟或謂舜兢業萬幾文王自朝至日中昃不遑食也唯其精勤故化理若是然書稱庶獄庶慎文王罔兼而孔子復謂舜無爲而治何歟我

太祖神聖秉乾再造函夏建立法制博大詳密用以躋世平康與虞周媲盛矣御曆三十餘年早朝晏罷未嘗時刻少息其所以畏天人而衍昌祚者視舜文其道同歟朕以冲昧獲纘丕基慄慄夙夜圖所以順帝則建皇極以庶幾帝王之治者今

且五年經費節矣而帑庾未充賦斂寬矣而民生寡遂守宰久任矣而直治罔宣伍籍加覈矣而武備靡振豈因循之積習難驟變歟久弛之舊章難遽舉歟茲欲革文冒破拘學使人得其情事循其理將何如而後可蓋感帝顯王人類之迹曰大有爲乃後有謂王者中心無爲以守至正此其說安是將各有主謂不相蒙歟抑或其道相須也子大夫習先聖之術其于古今治理之原講之豫矣尚各攄所蘊明著于篇朕將覽而擇焉

臣沈懋學

臣對臣聞帝王之御世也固有宰制天下之大體尤有運量天下之大機何謂體總宏綱急先務任人以圖治而不自用以勞天下者是也何謂機燭幾忘慮勵臣工及時以省成而不

自逸以忘天下者是也以大體宰制天下則化洽于無爲而帝則順矣以大機運量天下則功成于有爲而皇極建矣是其無爲也正以操有爲之樞也而非逸也其有爲也正以達無爲之用也而非勞也使執有爲之說而紛然自勞其身則萬幾之繁萬民之衆由一人而叢挫焉即或有刑名之淺效而無以培博大之休申韓之所謂有爲也固非帝王之所先使泥無爲之說而肆然自逸其身則萬幾之繁萬民之衆以一人而廢弛焉即或有清淨之小康而無以建精明之治黃老之所謂無爲也亦豈帝王之所尚哉是故善治天下者旣不一于有爲而機常運于無爲之中又不一于無爲而體常宰于有爲之際古帝王所以人得其情事循其理而萬世稱之盛德大業者此道行也歟欽惟

皇帝陛下
稟聰明睿智之資
備文武聖神之德應五百載之昌期而誕膺
寶曆繼億萬年之正統而丕振
瑤圖
威德布于華夷賢才列于中外四時順軌萬国承休人已安事已
治矣而尤
聖不自聖進臣等于
廷俯賜
清問惓惓乎有爲無爲之辨且欲使人得其情事循其理以圖帝
王之治臣罔仰窺
陛下大有爲之心矣顧臣伏處蓬藿未知事君之道未諳治国之

謏說無以對揚萬一雖然臣嘗聞之事君如事親親之欲有爲也子代之親之精神日運于上下內外之間而庶事則未嘗自勞也知所以事親而孝可移于忠矣又聞之治國如治家家之不能無爲也主制之應酬出納至米鹽瑣屑之務各有司存而主之精神未嘗不貫也知所以治家而理可通于國矣況臣今藉有司之舉得親

文陛立

赤墀生平之所誦讀願達于天下見于

明時者此可以酬其志也敢不攄一得之愚備

聖人之擇哉竊惟天生民而不能以自治也于是立之君以主之又慮君不能以獨理也于是立之臣以佐之是君者代天以理物而臣者代君以有終者也君惟代天以理物則天之所

欲爲者君任之矣而安可以無爲也臣惟代君以有終則君之所欲爲者臣任之矣而無庸于自爲也嘗觀之天矣於穆之眞玄機之宰凝然不動已耳而四時之吏五行之佐順序而成其化化之成也四時五行之功而昊天一元之運固未嘗一日息也使其或息則四時五行且無以自運而何有于化哉夫自其凝然不動而四時五行爲之宣其化也謂天有爲不可也是天之體也自其四時五行之成化而天未嘗有運也謂天無爲不可也是天之機也人君代天而爲之子位曰天位職曰天職民曰天民德曰天德道曰天道心曰天心而不憲天以弘化可乎是故觀于天之體也得宰制天下之大體焉虛心應物而不以物累心虛己任人而不以人役己常處于閒靜之中以總宏綱以急先務固不敢胥胥焉以自

勞觀于天之機也得運量天下之大機焉心嘗運物而不違
心以遺物已嘗體人而不違已以病人獨操夫精勤之稱以
凝志慮以勵臣工亦不敢悠悠焉以自逸惟其有是體人
代爲之矣安得而不謂之無爲而要之有爲者乃所以成其
無爲也百工之熙必率作而後興事惇大之裕必明作而後
有功萬世帝王撫運握圖統一寰宇所以綜輯庶務調劑羣
生者其道寧外于此乎是故七政齊庶君諧六府修三事治
治教莫盛于虞矣舜固不自爲也任之禹益羲和皋夔諸臣
者得其體也而兢業萬幾舜實未嘗一日而忘精勤之慮焉
然則孔子稱其無爲而治者謂其所任得人耳豈曰兢業可
忘耶謨烈啓後咸正罔缺禮樂刑政煥然維新治效莫盛乎
周矣文固不自爲也任之周召呂散諸臣者得其體也而自

朝至于日昃不遑食文實未嘗一日而忘精勤之盛焉然則
書稱庶愼庶獄罔兼者正謂其所任得人耳豈曰勵精可已
耶洪惟我
太祖高皇帝神聖乘乾再造函夏竭心思以創制立法內外相維
[illegible]巨細畢舉具載
令甲今不暇殫述而御曆三十餘年早朝晏罷未嘗特刻少怠
其所以畏天人而衍昌祚者真如舜之兢業萬幾文之日昃
不食固未嘗執無爲之說忘率作之權而君臣交儆以賡省
厥成者正所以成無爲之化也躋世平康虞周媲盛信有由
矣而誰謂其道之不同于舜文哉肆我
皇上講學勤政法天行而不息詢事考言治日起而有功帝王之
大經大法治天下之宏規也大書而揭諸

朝廷自敬天至節用十二事治天下之切務也懸牌而書之
座右申飭有司而責之久任廣營邊將而要其久安蠲逋賦以
厚民生節經費以裕國計孜孜焉精勤之念誠有不遑暇豫
者宜天下之人盡得其情事盡循其理也而乃有不然者宜
有以厪
聖心之憂矣夫因循之積習固難驟更也而更之者未嘗有實心
久弛之舊章固難遽舉也而舉之者未必有實政欲充帑庾
而司農之用果實能一毫不妄費乎節儉之躬行在所不思
也欲厚民生而司賦之吏果實能一毫不妄取乎閭閻之疾
苦不可不察也守令久任矣而率多取辦乎文具求其能解
紛興化鮮渤海之理也而何惑乎吏治之未[illegible][illegible][illegible][illegible]矣
而率多致飾于聲容求其能禦侮折衝鮮膺閫之良也而何

惑乎武備之靡振夫臣未盡賢而政未盡實則

陛下與諸大臣議政于文恐未可遽云舜之無爲文之無爲也夫

古今之人心一也以區區漢宣之綜覈即能回虛耗之弊致

吏稱民安之效曾胃

今日寧平之世乃令之而不行仁之而不化耶

陛下誠率先而不化之不厭乎感格之雖不循乎故常之迹時二

召見二三大臣及百司之可與議者條

國家之舊典舉當世之闕遺必欲見之推行而要之治效實節

經費自

宮闈先之而節度可漸充矣實寬賦歛自郊圻先之而民生可

漸厚矣任守令則

嚴勅監司精慎舉劾毋徒狥于文具而吏治可漸宣矣嚴儀籍則

廣勅督撫糾察勤惰毋觀美于聲容而武備可漸振矣其要于
擇人而其權歸于核實由是文冒可革拘攣可破積習可更
舊章可舉人不敢欺而皆得其情事不敢飾而皆循其理而
本其機則惟在
陛下與二三大臣如舜文之精勤以率之夫然後庶愼庶獄不必
兼而無爲之化成矣夫此之所謂精勤云者有爲之義也而
因以致無爲焉猶二之也臣又伏讀
聖制終篇有曰盛帝顯王人稱之必曰大有爲乃
復有謂王者中心無爲以守至正此其說安是
將各有主謂不相蒙歟抑或其道相須也噫是可以觀帝王經
綸之學矣夫中心無爲矣而曰以守至正得非守之于爲乎
昊天之道顯仁藏用曰顯曰藏而有爲無爲體用一原矣帝

王之大有爲也以天運以時行而不以己爲焉則雖淵微宥密而非無也雖振勵發舒而非有也故曰至誠經綸而無所倚也彼沉空守寂以爲無獨生執象以爲有均之畔道而已惡足以治天下噫天下之溺久矣談有爲者猶曰不離乎倫物也而假禪幻之苴餘以文其無爲之盲卒使天下信空虛而忘實用而精勤之説幾不復聞矣

陛下循其名必責其實慮其始必厚其終以至誠之經綸發顯藏之妙用不將挽人心而維世道乎而得情循理之效又不足言矣此眞大有爲之略也若夫爲知幾爲謹獨固至誠入德之方而自警十二事所兼括也何敢爲贅辭哉臣不識忌諱干冒

宸嚴不勝戰慄隕越之至臣謹對

甲戌科萬曆二年

皇帝制曰朕惟自昔哲后膺乾良弼納誨未有不以典學勤政爲務者乃嗣服之初尤斤斤焉若伊訓説命訪落無逸諸篇詳哉其言之矣三代以還強學勵精之主代有作者然考德論治猶未可匹埒于姬姒矧曰唐虞又有可疑者夜分講經歲周太平御覽變曰不廢講讀學非不篤矣而興造鴻業僅出于馬上得之不事詩書者何歟衡石程書衛士傳餐汗透御服曰朕忘倦政非不勤矣而致理之效顧獨稍絀修玄默清淨無爲者何歟朕以沖年纘祚未燭于理惟仰遵我

皇考遺命講學親賢日勤覩覽細大之務悉咨輔臣以求厥中夙夜孜孜罔敢暇逸亦欲庶幾乎詩書所稱無墜我

二祖

宗之丕緒然論者謂帝王之學與韋布不同蓋不在章句間也
不知舍章句之外又何學歟又或謂上好要則百事詳所謂
要者果安在歟往代陳謨有神正始知賢良三策神爵言人
俗來光言審尚及治性六戒勸學四儀初元節儉建初蕩滌
煩苛先天元祐十事治平三劄熙寧稽古正學定志論總之
不越此二端矣可得而悉數之歟亦有可行于今者歟顧多
士習先聖之術明當世之務其爲朕析衆論究其指歸與
學何急立政何先或古今異宜創守殊軌悉茂明之以副朕
慎始篤初之意毋泛毋隱

臣孫繼皐

臣對臣聞帝王之繼天以立極也學必務乎其本而後天下
之化原以端政必審乎其要而後天下之化機以運何者人

君之學非徒以洽聞爲也凝神于宥密養邃于穆清固羲皇之
以來之道統所賴以衍之于無窮者也本之弗務則不過爲
口耳之學而何以造于天德之精人君之政非徒以任智爲
也負君師之責立政教之宗固羲皇以來之治統所賴以引
之于不替者也要之弗審則不過爲術飾之政而何以要于
王道之極惟求端于本而不徒事乎口耳之粗則愈邃藏而
愈精密本以豫內而亦以利外也聖德所以同天而大化之
原于此乎端矣惟專持其要而不徒事乎術飾之具則愈簡
易而愈恢弘所操至約而所及至廣也聖治所以憲天而大
化之機于此乎運矣學以基政政以顯學通合一而不偏學
務其本政舉其要事不勞而可據自古帝王不出家勿之內
而道積厥躬亡底于淵微純粹之歸不假智術之勞而事得

其理適臻于淳龐敦大之盛者此道行也況出震繼新正天
命凝承之日繼離方始尤人心屬望之初可不循其所當急
者以爲典學之本擇其所當先者以爲立政之要也哉欽惟
皇帝陛下
躬不世出之資
具大有爲之畧
登極一詔萬方同乎戴之心
乎葉一詢百辟起欽承之念
命書四箴六箴而頤諟不息一彝典克謨之式
嘉納
帝鑑圖說而披覽不忘一湯盤武几之銘近又時
經筵之御

嚴觀吏之飭蓋學已勤矣政已修矣軼于唐虞三代之隆矣乃
猶不自滿假進臣等于
廷俯賜
清問首舉商周之訓次及漢唐宋君臣之事而終策臣等以典學
立政之要愼始篤初之規豈意臣等㫖先聖之術明當世之
務有足以禆萬分之一者乎而臣非其人也雖然臣愚學斷
稽古志切攄忠敢不披瀝瞽瞶以對臣聞之君者天之子也
民之主也其道爲徃聖人絕學也其責爲萬世開太平者也
故美玉弗琢則射乎之光不生寶鑑弗拭則映宿之輝不發
聖人弗學則光天之德不耀甚矣哉學之不可已也然不曰
壯而好學如日中之光少而好學如日中之陽嗣服之始學
其不尤要乎六律不具則師曠不能正五音規矩不設則離

婁不能成方員仁政不立則堯舜不能平天下甚矣哉政之不可已也然不曰能慎其初如未雨之巢不慎其初如直突之薪嗣服之始政其不尤要乎是故臨朝願學臨政願治凡爲哲后者皆然而始尤重也論學以輔德論政以輔治凡爲良弼者皆然而始尤切也粵稽諸商太甲高宗善守成者也

臣考其初則有伊尹傅說之論矣人紀肇修風愆致儆非尹之所爲訓王者乎遜志乃來聰明時憲非說之所爲詔王者乎臣言焉君行焉此所以終允德而靖殷邦也故終商之世而曰中興之令主者必推太甲高宗也載稽諸周成王亦善守成者也臣考其初則有周公之論矣紹庭上下陟降厥家非訪落之詩所爲作乎稼穡艱難治民祇懼非無逸之書所爲戒乎臣言焉君聽焉此所以覲耿光而揚大烈也故終周

之世而已繼述之賢君者必推成王也然學勤矣而所以典之其學者有本政勤矣而所以立其政者有要三代以後此道不明強學之主誠代有之而浮華之風盛矣光武夜分講經而陵三公之體太宗歲周太平御覽而失兄弟之義仁宗多日不廢講讀而養夷狄之禍乃鴻業之建反出于不事詩書之漢高此其故何也詞章訓詁帝王之所以爲學者不在焉故學非不足務而務非所以務者固不如豁達之資之足以有爲也勵精之主誠代有之而刻覈之習興矣始皇衡石程書而適基秦亂文帝衛士傳餐而滋速隋亡憲宗汗透御衣日旰忘倦而實釀唐衰乃致理之效反出于清净無爲之漢文此其故何也簿書期會帝王之所以爲政者不在焉故政非不足勤而勤非所以勤者固不如玄默之修之足以有效也

天啟休明生我

皇上

日親講幄而寒暑之際討論不輟

日咨輔臣而細大之務委任不貳蓋法天行以勵學獨超乎章

句之外憲天道以出政深探夫理道之原即商周之主不能

過之雖詩書所稱何以加焉我

二祖

八宗之至緒眞足以振揚乎不墜矣顧臣伏讀

聖制有曰論者謂帝王之學與常布不同又謂主好要則百事詳

臣有以見

陛下之心望道未見之心也求治無已之心也夫帝王之學與常

布不同此程顥之言也所謂知學之本者也主好要則百事

詳此荀卿之言也所謂知政之要者也是故往代之臣各執眞見以陳正始之謨而往代之君亦各因其謨以禆正始之治如仲舒賢良之策析天人也王吉變俗之論正風化也匡衡崇向之疏與夫治性六戒勸學四儀之陳崇德政也貢禹節儉之勸先敦朴也陳寵蕩滌煩苛之議尚寬厚也先天間則有姚崇之十事明時務也元祐間則有呂公著之十事飭治紀也在治平則司馬光以三劄進重與斷也熙寧間則程顥以稽古正學定志之說進慎趨向也此其言則人人殊矣顧豈無上關君德而足以為

聖修之助下係民生而足以為

聖治之資者乎然其本則未徹也其要則未明也本何在哉聞之上學以心下學以耳欲得其本純心之道不可不講也要何

在哉聞之用人則裕自用則小欲得其要任人之道不可不講也請因

聖問之所及而極論之

陛下終篇策臣曰典學何急立政何先或古今異宜創守殊軌悉茂明之以副朕懷始篤初之意臣愚以爲人之一心操存舍亡其幾至可畏也况人君之心百欲伺之一念弗純欲且乘之以入焉其係于學之進退非渺小也必也主敬于淵嫫之中研幾于獨知之地夜氣清明則有常惺之法平旦好惡則有允執之功大庭臨御則凜乎天鑒之在茲宫闈秘密則森乎神明之君對至善爲的主善爲師不雜不息名繼爲則帝王爲學之本或者其在是歟譬則水焉澄之終日止見眉睫不過一撓方且莫辨誠不可以不慎也故曰日月久照不敗

其明星辰久旋不改其度聖人久于其道不毀其功明此以爲與聖德之所以純也非博綜群籍藻繢是工矻矻終年者比也臣故以爲學之有本也人之一身應務酬物其事尚難兼也况人君之身百責萃之惡賢弗任事且因之以叢焉其係于政之得失非鄙小也必也精其選于未任人之先専其任于既得人之後姬旦在前則委心聽順山甫在後則改容嘉納邊廷有頗牧則授之斧鉞而不疑郡縣有龔黄則錫之璽書而不惜不聽讒言不貴近功惟和惟一以考厥成帝王爲政之要或若其任是歟譬之車馬輪轅徒飾非人弗行造父爲御一日千里誠不可以不審也故曰千金之裘非一狐之腋大厦之才非一丘之木太平之功非一人之畧明此以立政聖治之所以擴也非形神獨勞履身從事沾沾自好者

此也臣故以爲政之有要也然要而論之則純心以爲學而任人之本以端是故有緝熙之主則四友同心有敬勝之君則十人彙進傳曰爲政在人取人以身此之謂也任人以立政而進學之資益廣是故有仲虺之誥則湯德丕顯有尚父之戒則武德日休經曰朝夕納誨以輔台德此之謂也於乎此天下之化原所以端也天下之化機所以運也乃臣之所獻者抑有進焉以

陛下非常之資其于問學之際必有求貞而勿替者故學之不純不足患也獨患夫聰明之太過或以爲商宗周王之學爲不足事而求其所不必學者焉以

陛下非常之畧其于委用之際必有善任而不疑者故人之不任不足患也獨患夫英敏之有餘或以爲商宗周王之政爲不

足師而求其所不必行者焉求其所不必學則崇之愈篤而失
之愈遠將有務爲迂闊之談以欺
陛下如王安石之惑神宗者出矣求其不必行則更之愈急而行
之愈速將有尚爲刻薄之政以罔
陛下如公孫鞅之惑孝公者出矣此固臣之愚過計則然而亦豈
可以弗辨哉伏願我
皇上
上畏天命
下念民生以學則
皇祖之行心錄可鑑也而求之以爲訓以政則
皇祖之聖訓可法也而率之以爲行無以天下之義理皆吾斷
也而厭其卑近無以天下之賢才皆吾下也而待之繼絕無

以安居無事而從逸遊無以物力豐盛而興土木無以海宇

昇平而事遠夷無以安處深宮而狎近習則道德高厚功化

洋溢内恬外熙祥臻瑞應商周不足侔矣而况漢唐宋也乎

哉草莽微臣不識忌諱干冒

天威無任戰慄隕越之至臣謹對

皇帝制曰朕昭承

天命纘御丕基五年于茲夙夜皇皇圖惟治理每思與天下共臻和平之福而未臻厥效朕甚惑之黃虞尚矣三代以成周爲盛說者謂六典任其宰制果何道以致之或謂周禮八職八則五禮六樂三物六容使民勸事而不暇習于上下尊感之間消其尊崇奢侈之心是以化行俗美天下和平然歟否歟漢治號爲近古當其時獻議之臣猶有欲定經制者欲建萬世之業者欲不嚴而成化者之三臣者皆病徒法不足以興治然則如何而可以致太平歟洪惟我

太祖高皇帝開天建極六合同風以政防民若職掌所載同符六典以禮教民若

洪武禮制禮儀定式大明集禮所載制度精詳達于上下可萬世行之而寡過矣乃今治績罔效風教未孚長厚之意薄虚僞之習滋民或侈泰以相炫士或雕巧以陵上庶幾所謂卿大夫和于朝士庶人和于野者而不可得豈政之文徒具而禮之實未至歟今欲興教化厚風俗使天下志慮不易視聽純一相安于蕩蕩平平之治禮讓之風蔚然成俗以何施而後可諸士子綜古度今試究其說朕將采而行焉

臣洪定作

臣對臣聞帝王之繼天而立極也有齊一天下之具而後可以臻治平之效有化成天下之實而後可以進協和之風政也者齊一天下之具也所以示民之趨而嚴其防者也禮也者化成天下之實也所以定民之志而彰其教者也政之所

布武止于法制之粗而禮之所陳不足以建中和之極則民皆習于其文而昧乎其實雖欲使之忘慮不易視聽純一以相安於蕩蕩平平之化胡可得哉是故聖哲之君受上天之寄膺化民之責不徒道之以制度文爲之具而必有禮焉以寓夫潛乎默運之機勸民之善而不以爵祿遏民之惡而不以刑威是以其教不言而喻其民不令而行布列于庶官者各修其職而不曰志于尊榮散處于族黨者各安其分而不曰志于富侈遵王道者無偏黨頗僻之患若聖訓者有時雍風動之休古之帝王所以垂拱而治揖讓而化者其有由然哉欽惟

皇帝陛下

聰明天啓

仁儉性成紀綱振舉于
朝廷而海宇嚮風
威德覃被于邊塞而蠻夷率俾治已至矣化已洽矣
萬幾之暇進臣等而策之慨然有慕于成周之治而以方今之
民風士習爲憂詢臣等以興禮化民之要誠求治無已舉道
未見之盛心也草茅之士沐浴
聖化願攄忠悃之日久矣敢不披瀝以對書曰天降下民作之君
作之師惟曰其助上帝寵之四方又曰惟皇上帝降衷于下
民若有恒性克綏厥猷惟后蓋四海之廣萬民之衆風土異
宜習俗異尚不有以整齊之則亂不有以約束之則爭君人
者荷帝天之命擅君師之權以立極于萬民者也則凡所以
懸之象魏頒之條教彰之物采陳之藝極以整齊天下約束

天下而使之順軌向方焉者寔非治天下之常經也哉然此特治天下之文而興禮敎讓則化天下之實也有其文而孚之以實則制其外者又有以格其心而天下自漸摩于仁讓之治不務其實而徒飾之以文則華其面者未必能一其志而天下卒積習于偷靡之風上之所尚必與下之所趨頓殊故曰政刑者輔治之具德禮者致治之本而治天下者貴審所尚也黃虞之治遐哉弗可復觀矣試以成周言之周自文武開之于前周公成之于後其所以治天下之具斟酌百王損益二代綱之紀之經之綸之蓋纖悉備矣乃其化民之實則有不盡于是者是故樸棫作人之教關雎麟趾之意行葦鳧鷖之德所以播其忠厚儉勤之化者其懇惻怛蓋不徒政以驅之而惟有禮以率之也嘗觀周禮一書周公以之相七

年之治成王以之享四十年之太平有周以之培八百年之
命脉斯誠治天下之大綱大要也然不徒曰周之政典而以
禮名之則其寓意遠矣今考其所載若設官分職辨方正位
體國經野制度品式非不詳且密也而其精蘊所存機要所
急則惓惓乎以禮化民之是務焉是故任之以九職治之以
八則節之以五禮和之以六樂興之以三物正之以六容以
功詔祿而尊卑之有等以事奠食而貴賤之有章當時之民
自少爭長習于升降揖讓之節而囿于道德仁義之中曉然
知上下之分如冠屨之不可踰位巖廊之上者懷素餐之懼
效靖共之忠而卿大夫相與和于朝處邦國之中者恥僭侈
之私敦雍睦之義而士庶人相與和于野風俗之美比屋可
封宋儒謂太和在成周宇宙間詎非以禮化民之明效也哉

易曰上天下澤履君子以辨上下定民志記曰君臣上下父子兄弟非禮不定禮者君之大柄所以治政安君也知乎此則成周之所以化行俗美天下和平者其道可知而後之圖治者可以知所務矣漢之興也去周未遠使當時之君能奮然復古之治而求之躬行以善其則先之禮教以平其心則成周太和之治幾可再見柰何以雜伯之心而行一切苟且之政黃老申韓雜以陰壞天下之學術而恭顯許史又以柰亂先王之典刑是以當時獻議之臣若賈誼之于文帝則曰禮者禁于將然法者禁于已然而欲其定經制厚風俗以興殷周之治王吉之于宣帝則曰安上治民莫善于禮而欲其述舊禮明王制以建萬世之策匡衡之于元帝則曰道德之行自近者始而欲其陳德義循禮讓不嚴而化以挽汙靡之

趙蓋誠以太平之效不可以徒法制而轉移化導之微權必以禮教爲之本也三臣之言豈非通達治體者哉而漢之三君卒狃于陋習而不能用是以德色誶語民鮮淳良之俗貪鄙嗜利士無廉清之風爲官而致富者爲雄傑處奸而得利者爲壯士有如賈誼之所太息貢禹之所極論者終漢之世日以陵夷而不振非漢之民一不若成周也禮教不修而文法之弊滋也洪惟我

太祖高皇帝肇造區夏驅逐胡元紹復帝王所自立之土宇建古今所未有之事功不惟政以防民而不禮以教民蓋有無舉而不遺者以政言之若諸司職掌所載官以職分而九卿百執事之相維者以類繫而大小[illegible]繼承尊卑舉宏謨曲算燦然六典之章程也以禮言之君

洪武禮制禮儀定式大明集禮所以載其綱領而祭享昏喪之有
節析其條目而服舍器用之有差良法美意講然周官之矩
範也二百年來道化淪洽臣民月窟之邦含齒戴髮之屬孰
不沾德澤歌太平雖成周之盛何以加此而
聖問所及猶以治績罔效風教未孚為慮臣嘗思之而得其故矣
蓋成周之所以化民成俗者政非出于禮之外也哉
聖祖之所以建極垂範者禮即寓於政之中也有政以為齊一天
下之具故有以一民之視聽而孰非所以為禮之迹有禮以
為化成天下之實故有以定民之心志而孰非所以為政之
精然則昔之所以和平而今之所以偷靡者從可知已由今
之時觀之長厚者變而為浮薄麤鄙者變而為歷僞倡優志
后飾之僭墻屋競文繡之觀而民之侈泰以相炫者日甚也

急進取則懷入市攫金之心一擠排則爲下穽投石之計而士之恣睢以陵上者可駭也民風之薄惡士習之澆漓非惟廑

陛下之憂臣亦且憂之矣臣竊以爲風俗之無良者由教化之不明也教化之不明者由政本之未立也夫所謂政之本者何也禮之實是也今也詳法令而略禮教重文藝而忽德行賞罰非不明也而或枉其功過之實則下何由而勸懲議論非不忠也而或繫于畫一之守則下何由而趨避學校覡爲其具而師儒之模範弗端守令勞于簿牒而風俗之凉漓罔念

陛下所謂政之文徒具而禮之實未至者臣不敢謂無是也則又何怪乎民風士習之日趨于弊而不古若哉夫

陛下知致弊之由則知所以救弊之道其道無他亦曰務禮之實而已矣臣謹對

祖之制法成周之規稱漢臣之言興禮讓之教掌銓衡者不徒以政績課殿最而必核其行檢司登顯者不徒以詞章品高下而兼採其德譽賞當賢罰當罪而勸懲昭明之公執體要崇本實而議論黜靡曼之弊董學校者必如陽城之在國子胡瑗之在湖州而不徒委瑣闒茸以充位知郡縣者必如仇香之以德化民延壽之閉閤思過而不徒簿書期會以稱賢由是而公卿慕楊綰之素勳戚慕馬廖之風也由是而大夫秉羔羊之節士興雞鳴之化也上以禮相考下以禮相睦師師濟濟熙熙皥皥太和氣象不在成周而在今日矣臣何幸親睹其盛耶雖然治有本立教有源是在

陛下求之身以爲臣民之倡而已蓋人君一身萬化所出薄海內外環向而取則焉者也夫苟履盈成之運志逸欲之危或

以聲色或以玩好或以遊畋宴而莫之察拒忠良而弗之

信則教化之本源已先窒矣又奚望于風俗之還淳哉臣願

陛下端其本清其源澄心節欲以培卓國享年之基戒盈崇儉以

裕兵國足民之計日親賢佐相與從容謀議以共圖太平之

業引近儒臣相與反覆討論以深惟化理之原出入起居罔

有邪欲發號施令必求諸道使禮教始于

宮闈休養訖于遐邇則教化所敷如風行而草偃表正而景端

所以享和平之福追成周之盛者端不外此臣愚不識忌諱

干冒

宸嚴不勝戰兢隕越之至臣謹對

三七〇

皇帝制曰朕惟君天下者興化致理政固多端然務本重農治兵
修備乃其大者書言先知稼穡之艱難乃逸又曰其克詰爾
戎兵以陟禹之迹夫成王初親大政而周公即惓惓以此告
之其意深矣朕仰荷
天眷獲嗣丕基自惟寡昧未燭于理嘗恭誦我
太祖高皇帝籍田諭
成祖文皇帝務本訓乃知王業所由與民生之不易及觀
祖訓所載居安忘備之戒又曰兢兢焉茲躬率臣民耕籍于南郊
又屢敕邊吏慎固疆圉備求制虜長策亦欲庶幾乎知艱詰
戎以覲揚我
二祖之光烈顧藉典雖舉而實政未孚督策雖勤而武備猶弛四

方浮惰者衆未盡歸農也何以使人皆力本而不失業歟自屯鹽之法壞而商賈俱困邊儲告乏今欲舉之其遺法尚可復歟醜虜匪茹警報歲聞何以創之使不敢復窺歟議者或言宜守或欲罷調兵或欲練土卒計將安所決歟朕日夜圖慮安攘之策莫急于斯而行之靡效其故何歟抑其機要所在未克振舉故人罕實用功難責成歟爾諸士習于當世之務久矣其仰繹我

皇祖垂訓貽謀之意有可以便民益國者明以告朕將採而行焉

臣羅萬化

臣對臣聞人君之治天下也必安攘兼舉而後可以成天下之至治必明斷並行而後可以收天下之實功何也君猶天也凡內而中國外而四夷皆覆冒于天而爲君所統馭者也

惟天好生而覆幬之用並育而不害惟若洪大而安攘之績兼舉而不遺故務本重農以厚民之生而于以成順治之休治兵修備以固國之防而于以達威嚴之化是二者誠有國者之先務而不可以偏廢不可以緩圖者也然非明以燭之于先而斷以行之于後則雖外慕乎安內之名而實效罔臻雖從事于攘外之文而成功罔奏其何以合內外之治而用舒夫宵旰之憂也哉故必君以實心主之而委任以責成者恒出之以英明果斷之勇臣以實心效之而分猷以宣力者每竭之以左右贊相之誠然後君臣道合而百度貞上下志同而萬化廣中國可安四夷可攘內可順治外可威嚴而久安長治之功將致之而無難矣欽惟

皇帝陛下以

聖神之德曆數之歸
至誠饗帝
恭已臨民天下臣庶孰不翹首而觀拭目而望以冀沾維新之
化而
陛下方且望道未見求治愈殷廼特進臣等于
廷俯
賜清問惓惓乎安內攘外之策顧臣愚陋曷足以知當世之務
雖然
陛下此舉蓋將採而行之非虛循故事已也蘇軾有言君以名求
之臣以實應之矧今
陛下以實求之臣敢不披瀝以對揚萬一耶臣竊聞之書曰天降
下民作之君作之師惟其克相上帝寵綏四方則君天之生

民所以左右而尚成之者其責任寄之君而君之主民所以生養而安全之者其道實法乎天此人君所以與昊天同一道也夫惟人君有同天之道則凡曆象日月以經天之時體國經野以相地之宜立綱陳紀以定民之極愛養撙節以盡物之材皆所以與化而致理也皆人君所以法天之政也然語其政之大者則惟曰務本以重農治兵以修備二者而已何也蓋國以民為本而農者民之命也兵者又民之心也農有不重則衣食無所自生而啼饑號寒之民且將有轉死于溝壑者矣君固代天以任養民之責者也而乃使民無以為生可乎兵有不治則備禦無所由固而寇賊奸宄之發且將有駢首于鋒鏑者矣君固代天以當安民之責者也而乃使民失其所衛可乎是故成王初親大政正天人心陟降之際人

心觀仰之時也而周公所以惓惓於告戒者一則曰知稼穡之艱難乃逸一則曰其克詰爾戎兵以陟禹之迹是豈無深意而漫爲是言者哉蓋以知稼穡之艱難則農事修而民食有資人君養民之責盡于此矣知戎兵之當詰則武備飭而民生有衛人君安民之責盡于此矣夫人君而誠使民之得養也民之獲安也尚何化之不可興而理之不可致哉故稼穡成功而永清之治于前而有光守在四夷而重譯之朝愈遠而不替此古今之稱善治者必曰成周而誦周公之功者亦至今不衰也洪惟我

太祖高皇帝籍田有諭曰欲財用之不竭國家之常裕鬼神之常享其必由農乎大哉

王言諄諄乎重農之意也

成祖文皇帝務本有訓首舉
太祖創業之難次及往古聖賢之君昏亂之主以昭鑒戒詳哉
聖謨切切乎垂裕之心也而又作
祖訓一書兢兢乎選將練兵之圖居安忘備之憂則當時所以重
民之命嚴民之衛者蓋周至而曲盡矣故民皆樂業而太和
之治允洽夷皆貢琛而來王之化益昭內固無不順治而外
亦無不威嚴所以上追成周之盛而啓我
國家億萬年無疆之休潛端不在于此哉惟我
皇上臨御以來躬率臣民耕籍于
南郊則一念重農之意已切至而不虛而又
屢勑邊吏慎固封圉博求御虜之長策則一念防患之心已誠
篤而匪懈其于

二祖之所以垂訓已身體而實踐之矣宜農事修而民無不遂之
養武功振而國無不安之民也乃今彝典雖舉而實政未孚
啼饑號寒之民不惟見于窮陬僻壤之所而通都大郡亦或
有不免焉督責雖勤而武備猶弛寇賊奸宄之發不惟見于
窮邊荒服之外而兵興赤子亦尚有未端焉則所以厘我
皇上宵旰之憂而不遑豫逸者良有以哉臣嘗反覆思之而得其
故矣試以農言之方今四方之游惰者多歸農者鮮此生之
所以不衆而用之所以不舒也今
皇上誠欲驅天下之民而皆力于本其道無他惟貴穀粟而已矣
蓋穀者民之所資以爲生也民終日不食則饑餒隨之矣人
揆本救而輕去其田里者豈民之皆不樂生哉穀賤故耳我
國家于常賦之外雖有折贖猶有飛輓初非不貴穀也嗣以國

用不經而見小以忘大乎是有折色之兑有雜銀之額而適
人之用日漸輕矣又何怪其逐末而忘本也故臣願貴五穀
賤金玉而翕然使知百穀之重如晁錯之所奏焉則敦勸於
導之下豈無力本之農矣乎如是而謂民之有失業者未之
有也若夫屯政之修鹽法之理又厚農通商之最大者獨不
可講而行之乎臣以爲法久而弊者勢也遇變而通者權也
故屯種之田乾沒于豪右而番休之卒服役于權門屯政之
廢久矣然不曰湖山斥鹵之可墾闢乎奸豪欺隱之可沒入
乎游手游食之人之可驅率乎昔豁重黎之田振武郭子儀
之耕河中彼猶借諸民者與不過假不耕之地而收無窮之
稅耳今宜委爲之制田之見存者覈訟而正界兵之服農者
間歲而代耕而又時申召募之令各與以可耕之田則經界

定而後併之奸不肆屯聚而樹藝之功可成昔人謂其實民力之最大者正謂此也工本之鈔既難乎補給而守支之商又困乎折兑鹽法之壞久矣然不曰鏹鈔之用有當均者乎輸納之粟有當優者乎私挾私販之令有當嚴者乎昔嘗併之煮山海劉晏之幹淮鹽彼豈掊諸其民者歟不過總其權于上而布其利于下耳今宜究爲之制重鈔法以收貫鏹式而使竈有所償縱聽納以於廣商人而俾鹽無所滯則竈得實利而法禁可施商有餘貲而正課自溢者人謂其弊之姦避者正謂此也不然而治查愈密而屯政愈不修法禁愈嚴而鹽法愈不理財之臂者不治其本而唯治其標亦終必斃而已矣欲農商之兩利也詎可得也以兵言之方今邊鄙之地醜虜叫郊警報歲聞此備之所以不嚴而武之所以

未振也今

皇上誠欲奮天下之武而克壯其猷其道無他唯重將帥而已矣

蓋將者兵之所恃以爲主也兵一日無將則喪亂從之邇今食廩傭而輕離其卒伍者豈兵之皆不備士哉將輕故耳今我

國家于沿邊之地分摠以參將專制以總兵物非不重將也後以承平日久而重文以輕武于是有巡撫以轄之有總裁以繞之而文法之拘日加密矣其安責其應敵而致勝也故臣願重其權專其任而屹然使當一面之寄如趙充國之所行焉則委任責成之際豈無敵愾之勇矣乎如是而謂虜之有竊發者未之有也若夫戰守之策訓練之宜又安邊保邦之最急者猶不可議而行之乎臣以爲一勞者永逸之基也暫費者久寧之道也夫今之虜非昔之虜矣飆舉鳥集衆寡之

勢既殊而狼奔豕突險阻之地難遏此當事者所以苦于戰守之難也然臣竊計之舉匈奴之衆曾未足以當中國之半而卒未有能一創懲之者其故何歟無乃先發之謀未定而積弱之氣有未振乎兵法曰善戰者制人毋人制我此勞逸主客之幾也故昔高祖之伐鬼方也不憚于三年之久而孔明之全蜀也不辭夫六出之頻彼豈好爲是窮兵哉誠以不創之于前則後之憑陵者當未艾而不制之于我則彼之窺伺若曰未息耳今醜虜之猖獗既如此而猶因循委靡不思所以振作奮勵之術則何以成中興之治而保邊境于無虞也哉故臣即今之勢以權戰守之策必也其先決戰乎蓋必以戰爲守庶可以折方張之虜而奠不拔之基也今之兵又非昔之兵矣銳氣消沮怯懦既已成風而勞費不貲司農又復

告囑此當事者所以病于調練之難也然臣竊思之即燕趙之士固素稱多慷慨之材而卒未有能一飭練之者其故何歟無乃屯鹽之政不舉而給餉之期有不時乎兵法曰千里餽糧士有饑色此飽餒勇怯之勢也故昔孔明之討漢賊莫急于五丈之屯而唐宗之夷大難悉仰于江淮之賦彼豈徒爲擾民哉誠以未戰而不足其食則不可以得其心將戰而不得其心則不可以用其命耳今邊兵之弃瘠既如此而猶苟且支吾不思所以長慮却顧之道則何以振維揚之武而致殷邦之嘉靖也哉故臣即今之時以究調練之宜必也其先理財乎蓋必財以爲養庶可以作有勇之氣而底于襄之績也已不然則闘敵而破膽者既不能戰也而何足與言守捫腹以待哺者既不能養也而何可以加練餙之養身者有

七年之病而不畜三年之艾亦終無得而已矣欲中外之寧
謐也胡可得哉雖然天下之事非知之難而行之難人君之
道非求言之貴而用言之貴知而弗行猶弗知也求而弗用
猶弗求也臣伏讀
聖訓有曰朕日夜圖講要攘之策冀其急于斯而行之靡效其故何
歟臣以為
陛下特未實之行而臣下亦未能實奉承之耳果曰行之而靡效
則彼成王所以致四十年之太平我
二祖所以重二百年之善治者果虛語也而抑別有要機之鍵以
為振衆之術也哉臣以為聽言貴廣也而察之尤不可以不
明察言貴明也而行之尤不可以不斷伏覩
皇祖之訓有曰內外大小官員其言當理即付所司施行諸衙門

毋得阻滯是言也其無明與斷而出之者矣故臣願
陛下奮精明之氣大明作之功穀所以當貴也則斷然以貴之而
不狃于近利之私將所以當重也則斷然以重之而不惑于
一偏之見屯田鹽法以次而舉戰守調練相機而行其始也
簡衆賢以使之而不賢者弗齒其既也分衆職以任之而不
職者必黜賢否欲明其辨昭然如日月之行于天而光不可
掩也賞罰欲必以信轟然如雷霆之鼓于天而威不可測也
然後君宰其權臣能其事上作其氣下效其能守令司民牧
者誠知重農而勞心于撫字則國無不闢之野而野無不耕
之民者可幾也而何游民不歸農之患哉將帥司兵柄者誠
知奮武而盡力于封疆則士無不振之氣而國無不伸之威
者可幾也而何夷狄不率服之患哉蓋惟明克允惟斷有成

者既並用而不偏故內安中國外攘四夷者斯兼舉而不遺

周成王之治固不得專美于前而我

祖宗之業之盛又將廓大而增光之矣此非要機之所在而所當

振舉者哉抑臣又有

獻焉心也者萬化之原而明與斷所從出者也使其心純乎天

理之公而絕無人欲之私則明斷圓渾然而在苟一以私意

蔽之則明有時而昏一以欲累之則斷有時而失其何以主

宰化機而後使羣動哉宋儒范氏曰君心惟在所養故臣願

陛下存養省察以體其心精知力行以踐其心廣詢博采以大其

心親賢遠佞以純其心一念之萌則曰我其忘稼穡之艱矣乎

一慮之興則曰我其忘戒其之誥矣乎然後心無不存而可以全明

斷之德可以保安攘之功此臣之愚忠惓惓而不已也伏惟

陛下必垂察焉則臣愚幸甚臣草茅賤士不識忌諱干冒

天威不勝戰慄之至臣謹對

皇帝制曰：朕聞治天下者，番所尚，夏尚忠，殷尚質，周尚文，皆聖人所以救弊之政也。周之末，文日以勝，當漢盛時，論治者已謂宜損周之文，致用夏之忠。況今去古益遠，文之弊其可弗求哉？然人情之趨於僞也，猶水之趨於下也。今欲使損文而用忠，其道何繇？士大夫者，民之表也。朕於百司庶職，以實爲謂庶幾有副朕意者。徐而察之，則修政者或徒具觀聽，而未能建保邦之實；獻議者或徒工詞說，而未能效濟時之猷；稱愛民者或飾其言，而乏一体之心；名任事者或張虛聲，而罕特立之節。致身之義，非不知也，而鮮克盡瘁於蹇蹇；愼獨之訓，非不聞也，而率多惰行于冥冥。然則欲望民之還於忠也，不亦難乎？夫古之民，不賞而勸，不怒而威於鈇鉞。乃今士大夫

且不能然其故何也爾諸士上下古今必有慨於茲矣其爲朕根極弊源與所以捄之之術詳著於篇朕將擇而行焉

臣范應期

臣對臣聞帝王之致治也法天道以經時政而後有以啓天下用忠之化肅臣紀以一衆志而後可以鼓天下效忠之心蓋君猶天也臣與民皆覆冒於天而惟君所率者也天道默運於上而化育流行之實未始不隨時令以順其施人君端拱於上而化民成俗之方未始不隨世運以籌其治然君也者主宰化機於上者也臣也者行君之令而致之民者也然有以更天下之化而不先之於臣以肅其紀則上有崇本之心而或窒於承宣之未至上有彌化之術而或阻於贊襄之無良雖日以其令布諸天下而庶官百職之述且有泥焉而

弗行者其何以達諸四海九州之遠而妙夫推準動化之機
也哉故必法天道以運夫因時之政而變通損益獨得夫神
化之微權肅臣紀以端夫道揆之本而倡導率先尤得夫馭
下之大体則綱維立而運化有機紀法嚴而宣化有地鼓舞
於上而百官庶職咸篤夫忠貞不二之心風行於下而四海
九州咸效夫忠順不渝之節與國祚於久安長治之盛於斯
世於時雍風動之休唐虞三代之治不可復見於
今日也哉欽惟
皇帝陛下
稟聖神間出之資
建帝王中興之業際
乾元統天之運膺

壽考作人之符秉一誠以格
帝而
帝祉申錫于無疆崇四德以通
玄而
玄貺薦加于有永猶然
周察吏治
洞燭民隱
心運而化行如馳
令發而感動萬里㑹誠登三厤五而極千載于一時之盛者臣
愚竊伏草莽有懷欲獻久矣廼者叨有司之薦得與
大廷敷對
聖問所及特惓惓焉首舉三代迭尚之宜次及臣民尚文之弊而

欲臣等深察夫救弊之源條陳夫用忠之道大哉
皇上自更化會治之心見乎詞矣敢不殫竭愚衷以對揚
休命于萬一耶臣嘗聞之書曰惟天聰明惟聖時憲又曰道有
升降政由俗革蓋言天之立君所以代天而施因時之政也
又曰惟臣欽若惟民從又蓋言君之得臣所以助君而敷化
民之猷者也君代天而為之子當以天之心為心臣体君而
為之用當以君之心為心以天之心為心其道從天而不違
以君之心為心其道從君而不二此自有天地以來未之有
改者也粤稽諸古夏后氏之王天下其道尚忠矣所以承唐
虞之後法天道而以忠為始也而當時文命四敷聲教四訖
以成一代尚忠之化者豈神禹以一人之聰明獨運于上哉
惟其廸知忱恂之臣有以僉君心而協賛于下爾至於忠弊

而爲野亦其勢之使然而聖人不能逆觀其變也有殷氏之
王天下其道尚質矣所以救忠之弊法天道而以質爲教也
而當時商邑用協四方不忒所以成一代尚質之化者豈成
湯以一人之勇智獨運于上哉惟其克宅克俊之臣体君心
而協贊于下爾至于質弊而爲鬼亦其勢之使然而聖人不
能逆爲之慮也周文武之王天下也其道尚文矣所以救質
之弊法天道而以文爲教也而當時有夏修和天下大定以
成一代尚文之化者豈文武以一人之明聖獨運于上哉惟
其四友五臣之賢体君心而協贊於下爾至于文之弊而爲
僿亦其勢之所趨而聖人不能預爲之所也夫夏后殷周之
世天下之盛王也忠質文之迭尚天下之至治也而補偏救
弊之方不能不因時以爲之損益推行化導之術不能不待

臣以為之贊襄至若漢臣董仲舒損文用忠之論盖有感於
驕淫奢侈之習而欲得乎返朴還淳之理可謂深識乎治体
者也然則臣之所謂法天道以經時政者庶幾萬世不易之
常道而所謂肅臣紀以一衆志者豈非一時宜化之要機也
哉洪惟我
太祖高皇帝承天啓運立萬世之丕基
成祖文皇帝安内攘外纘百王之令緒其規模之宏遠施為之忠
實見於先民所傳者詳且悉矣臣請舉其槩而言之盖綱不
紊而中外有相維之勢体統有序而大小有相制之權重邦
國之本原而
宗社先建謹郡縣之風化而庠序先立取周之八法而内有
勅諭以勵九卿取唐之六典而外有

律令以布諸省羅賢才于館閣非隆師重道之心乎書衍義于
廡壁非稽古正學之事乎
大誥三篇既有以新天下之耳目而示其勸懲
大明集禮一書又有以一天下之心志而端其趨向以至啓忠
萌賢之篇昭其度也稽制醒貪之録正其範也卧碑監規之
條端其則也資世教民之訓溥其化也孝順事實之書植其
本也爲善陰騭之編發其良也以崇理學而人才無不正以
抑浮費而風俗無不淳其所以議諸
朝廷頒諸邦國而風行於天下者固皆確乎不二粹乎無疵有
成周文質適中之美而本之有夏忠信之孚益信乎超越三
代而陋有漢于下風矣一時内外諸臣同心協德以成
一代光明之業交懽濟美而永貽萬世無疆之休固由我

天錫仁聖而馭臣之有方實一時諸臣慶知遇之隆秉匪躬之節忠愛而不忍欺寅畏而不敢欺也今我

皇上久道成化而殷憂愈切于日中

純心用賢而一念尤先於知恤一有微能則隨才以授任而詔爵得器使之宜一有微勞則因功以懋賞而普予極寵綏之厚委任之尊也堅如金石而讒間不能携其情責成之篤也假之便宜而進退得以行其志至於

恩禮之優渥盎乎如陽春之煦育而萬品咸被其光華

德意之交孚藹然如父子之親切而群工樂有所怙恃真可謂推心置腹而相待一体者矣而又屢

詔百司務崇實意凡茲臣庶咸宜以

陛下之心為心而今有不盡然者其在御士僚佐豈無分猷宣力以達保邦之業者乎而徒美觀聽罔有實績者未盡無也其在侍從臺諫豈無論思啟沃以效濟時之策者乎而徒工詞說罔底實用者未盡無也其在百司庶府豈無勇於任事亮采惠疇者乎而徒張虛聲未見特立之節者容有之也其在藩臬守令豈無旬宣惠和保安黎庶者乎而違道干譽本無一体之心者容有之也致身之義孰不習聞于筮仕之初而要其終也鮮克盡瘁于蹇蹇愼獨之訓孰不夙夜于幼學之始而究其實也率多飾行於昭昭臣工如是而况四海之廣兆民之衆欲挽其文勝之弊而返以忠愨之風其可得哉臣

伏讀

聖制有曰周之末文日以勝今去古愈遠文之弊其可弗救哉臣

又殿讀

聖制有曰欲使損文而用忠其道何由士大夫者民之表也朕於百司屢詔以實爲謂屢幾有副朕之意者乃今士大夫且不能然其故何也臣嘗目擊時弊而有槩於中久矣况今

清問下及敢不爲

陛下陳之夫臣者君之輔也法之守也民之望也世道之所以幹旋而轉運者也今

陛下屬弊之源炳如日月而諸臣不能奉宣

德意以弘倡導之機

陛下救弊之勇決如雷霆而諸臣不能奉揚

德威以成厘正之化茲欲使天下返薄而還忠敦本而尚實抑豈無其道哉臣嘗聞之陸贄曰漢高肅宗大度故其時多瑰傑不

蘊之材漢武好英風故其時多瓌詭之名之士漢宣精吏治故其時萃循良核實之能言下之係乎所率也漢之二君固非純乎王道之主然而御臣有其道則天下之趨向隨之而況聖明在上尤必有不疾而速不言而喻者乎是故今日之治惟在陛下一轉移之間爾盒

陛下之于群臣寵之以祿秩矣榮之以聲名矣忠信以孚其心而疑二不萌于念慮禮儀以重其報而恩施毋溢於分涯其體之已無不至而待之已無不厚矣然優養培植之後不可無振揚飭勵之功而惇厚愽大之餘不可無精明果毅之氣盒一於慈惠則惠褻而不以為恩過于寵榮則寵加而不以為德是故廷臣之細過可弗詰也而忠邪之辨當嚴則不可不稽其心迹之素言官之狂戇可弗懲也而事理之原當審則

不可徒狥其奏對之詞事無首尾泛相沿及者弗槩坐焉可也其或罔上以行私背公而狥黨則天討之彰非所以正二欺欤所見不同本無意必者弗過求焉可也其或陽非而陰是穿鑿以附會則殛罰之典非所以懲其倖欲誠一不二之臣委之腹心非過也而

恩威恒主於獨斷則益以勵其秉德明恤之心篤棐效忠之士晋之崇階匪僭也而

仁義每見其金行則愈以堅其靖恭体國之念臺省重任以待藩臬之良似矣名本無旬宣之績而徒貽尸素之誚者豈宜使之溷跡於朝端資格弗循以援卓異之才似矣若外托任重之名而陰爲鑽刺之術者豈可使之濫塵乎名器又或問行不測之威以懾奸宄之志時申核實之令以防文飾之奸

其稱賢能也必審其賢能之實而名浮於德者在所不容其
稱勞勩也必考其勞勩之詳而祿浮於功者在所必黜推而
至於天下之大四海之廣由大臣以督監司由監司以督守
令申嚴乎紀律而大起明作之功振肅乎綱維而痛革虚浮
之弊使天下洗心而滌志聚精而會神一賞罰之施也若神
明之降鑒而以勸以懲凛然一天威之震慄一號令之布也
若風雨之適至而以鼓以舞靡然一神氣之流行譬則玄樞
默運而經綸之造運者旋轉順逆隨其躔度次舍而莫之違
權衡在我而庶物之錯綜者低昂輕重任吾之調濟均節而
不敢抗是其
總攬乾綱機制物則
威命靈爽侔乎造物而凡紛然羣生者皆以然其從欲者矣將

是一心所向百辟爭先一人所措群工效力利在一身而非以君父也則不敢以私其身事在一家而非以社稷也則不敢以私其家坐而論道者皆務調元贊化之實而有虞廷師讓之風起而作事者皆切奔走疏附之誠而有王人秉恤之義臺諫之臣誠竭獻替而非虛張以餙聽位居藩臬者竭力于甸宣而不負專城之托職司郡邑者誠心於綏牧而足紓外顧之憂盡義以維乎其恩則法行自近而朝廷輦轂之下翕然成忠直之風威以克乎厥愛則權不下移而邦國甸侯之間群然秉忠藎之念由是而自上以逮下自近以及遠譬之手持而足行目視而耳聽莫不流貫於元氣從令於天君而呼吸運動神化默成有不知其所以然者矣則夫儀刑觀感之際民之同有是心者孰敢不同心而嚮化

風行而草偃也哉抑臣又有獻焉　朝廷者風化之原也

帝心者運治之本也

陛下欲使天下之作忠亦先之以訓臣而已爾欲使臣民之式化

亦本之以純心而已爾仰惟

陛下神明天縱

聖學日新膺帝王五百歲之昌期而　敬一發傳心之秘術

祖宗億萬年之正曆而　綱紀弘保治之規

禮樂明備而文明之化以宣

倫至兩全而太平之象以見益粹乎位斯道之中而

建繼皇之極者矣則夫化導臣民之機挽回風化之本臣復何

言也哉但臣聞之書曰慎厥終惟其始益言天道順布於四

時常運而不息王者法天以行健純一而不已今

陛下剛健文明之德自昔有聞嚴恭寅畏之心于今愈篤固矣然

一念之危微易汩而況

九重邃密之內天理之培養者甚難人心之出入無時而況一日

二日之間事幾之所關者有萬向使作之以憂勤而或乘以

一時之怠忽出之以誠篤而或雜以一息之虛文則本原之

地未免間隔而未融大化之行必有阻遏而弗達者矣臣願

陛下終始惟一而不雜於三動靜有常而無時乎豫怠防閑于

深宮獨行之際而端莊精一以凝其真致謹于

燕閒清暇之時而慎密緝熙以聯其間將使一心之中虛靈洞徹感

通之際誠意交流以此照臨百官如懸鑑以待妍媸而忠邪

之分自別以此賞罰天下如執度以齊長短而勸懲之道自明則

聖德已至而益至　治道已隆而益隆

紀綱已振而益振風俗已淳而益淳觀化在
朝而百工庶戢莫敢不一於忠矣觀俗在野而海隅蒼生莫
敢不護於忠矣有淳朴不漓之意而典章經制之備曠三代
而獨隆當文明大著之時而淳龐渾噩之風追隆古而便見
由是而天時人事交相契合治運氣化交相流通馨香感格于
神明而諸福駢臻協氣上通于
皇穹而百嘉鬯遂
天德孚而王道成
天心享而至治永億萬年無疆之休端在是矣此端本澄源之道
臣愚之所拳拳效忠者也惟
陛下留神採納天下幸甚臣愚幸甚臣不識忌諱干冒
天威不勝戰慄隕越之至臣謹對

壬戌科嘉靖四十一年

皇帝制曰朕惟自昔帝王莫聖於堯舜史稱堯舜垂衣裳而天下治矣然當其時下民猶咨洚水為灾有苗弗率則猶有未盡治平者豈二帝固弗之恤歟抑其臣任之於下而上可以無為不然何以垂衣而治也三代莫盛於成周宣王中興詩稱召虎平淮夷方叔征蠻荊吉甫伐玁狁惟得其人以分命之是以不勞而治朕嘗嘉之甚慕之朕撫天下四十有一年于此矣夙夜敬事

上帝憲法

祖宗選任文武大吏之良思與除民之害而遂其生兢業不遑未嘗有懈弛者水旱為災黎民阻饑戎狄時警邊圉弗靖而南賊尤甚歷時越歲尚未底寧豈有司莫体朕心皆殘民以逞

有以致之歟抑選任者未得其人或多失職歟將疆圉之臣未能殫力制禦玩寇者歟夫朕有愛民之心而澤未究有遏亂之志而效未臻岡以今昔不類未得如古任事之臣耳茲欲使上下協慮政事具修兵足而寇患以除民安而邦本以固災沴可弭困窮可復以媲美虞周之治其何道而可爾諸生悉心陳列勿懈勿隱朕將采而行焉

臣申時行

臣對臣聞帝王之御世也體君道以奉天心而後可以建久安長治之業肅臣紀以奉天職而後可以成內修外攘之功何則人君者天之所授以統一萬方而臨御兆民者也其位尊其任重故君道常主乎逸人臣者天之所命以左右一人而分理庶政者也其分卑其事賾故臣道常主乎勞君能奉

天以端拱於上而以其事責諸臣則無為而化成不言而功著名於穆之運玄機之宰不假於推遷之力而自然造物者矣是謂能奉天心而久安長治之業可建也臣能奉君以奔走於下而以其身致之君則同心以共濟協忠以体國名四時之佐五行之吏各效其宜布之能而罔有違天者矣是謂能奉天職而內修外攘之功可成也不然則一人之身萬幾攸萃安能一一而理之而庶官之衆各有司存能不蹈于瘝曠之咎哉故君必率臣以圖久安長治之業臣必輔君以樹內修外攘之功則和氣溢而宇宙清寧理道昌而民物康乂順治於內而萬化弘一統之規威嚴于外而四夷效咸賓之美肇國祚於苞桑之固措天下於泰山之安唐虞三代之治不可復覩於

今日哉欽惟
皇帝陛下
禀剛健中正之資
合陰陽動靜之德際熙洽
御天之運膺
壽考作人之符精誠格乎
穹昊而瑞應駢臻妙道契乎
玄元而休徵畢集蓋媲美唐虞而超越乎三代者臣竊伏草茅沾被
聖澤久矣迺者叨有司之薦得以與對乎
大廷而
聖問所及特惓惓焉首述唐虞成周之治繼憫水旱盜賊之災任
事失人之咎而終究夫足兵安民之術弭災救困之方且戒

臣等以勿悼勿隱也大哉
皇言憂國憂民之心見乎詞矣敢一不披瀝愚衷以對揚於萬一乎
臣聞之書曰元首明哉股肱良哉庶事康哉言明君在上而
又有良臣以左右之則庶事可理也又曰惟天聰明惟聖時
憲惟臣欽若言君能憲天而爲臣者自敬順之罔敢或悖也
是故君爲元首而憲天于上則法天以爲聰而居高聽卑可
以不勞而坐聽天下法天以爲明而臨下有赫可以不步而
坐照四方是君者法天道以爲無者也臣爲股肱而欽若于
下則代君以用其聽而天下之利病皆通達而無所壅代君
以用其明而斯民之休戚皆洞察而無所遺是臣者奉天職
以有事者也是故唐虞之世萬邦協和矣四方風動矣文明
之舍昌矣堯舜以聰明極聖之主默運無爲之治而又有禹

皋稷契伯益之臣共佐太平之業故下民之其咨也洚水之爲災也有苗之弗率也堯舜非不之恤也惟其忠良之佐足以贊皇猷弼亮之卿足以弘帝道以恤阻饑則有率育之臣以拯昏墊則有克勤之臣以格頑囂則有贊德之臣諸臣者其奉君如奉天也孜孜焉周寅協恭罔敢怠遑也故堯舜雖有旰食之憂而終得以享垂衣之治至今稱中天之盛若必曰唐虞此堯舜得臣之明驗也周宣之世海内乂安矣國勢寖隆矣文武之業復矣宣王以聰明有道之君嗣守無疆之業而又有召虎方叔吉甫之臣夾輔中興之治故淮夷之猖亂也荆蠻之不靖也玁狁之虔劉也宣王非不之慮也惟其位元宰者才兼乎文武總元戎者勳聯乎將相有宣威江漢之臣而淮夷率俾有壯猷南國之臣而荆蠻來威有薄伐太

原之臣而玁狁於襄諸臣亦有其事君亦如事天也惴惴焉矣
心協力罔敢戲豫也故宣王有繼述之思而終以成再造之
績至今稱中興之盛者必曰成周此宣王得臣之明驗也若
舜宣王之為君法天道以無為而唐虞成周之臣奉天職以
有事則所以建久安長治之業成內修外攘之功者豈偶然
哉臣伏覩
陛下臨御以來四十有一年矣
上帝之申眷不為不隆而誠敬愈篤
祖宗之成業不為不固而仁孝愈純
欽天有記以表昭事之忱
祖德有詩以發聿追之念至于慮切民恫任專吏職內責成於守
令矣而巡督之臣歲不絕遣外付托于將帥矣而搃制之命

任必加隆無一念不在于民隱矣無一言不軫乎國慮臣有以

仰窺

陛下之心即堯舜之心而周宣不足侔也于今諸瑞咸集四靈畢

至固足以彰

陛下之峻德鴻猷超卓百代矣然淫潦爲災則滕畦有陷溺之苦

亢旱爲虐則阡陌有枯槁之憂倭夷竊發于東南而海波弗

靖醜虜跳梁於西北而邊塵屢驚甚則邊鄙之勢日就孤危

而左右之賊歲成延蔓殊非聖世之所宜有者正堯舜憂民

之時周宣勵精之日也臣伏讀

聖制有曰間者水旱爲災黎民阻饑戎狄時警邊圉弗靖而南賊

尤甚歷時越歲尚未底寧豈有司莫体朕心皆殘民以逞濟

以致之歟

陛下之言及此萬國萬民之福也臣竊觀內外諸臣凡析圭儋

紺綬分符者孰非

陛下之寵榮乎凡擁旄仗鉞制閫擁兵者孰非

陛下之威靈乎謂宜夙夜匪懈寢處不遑布寧謐之化於域中揚

振肅之威于閫外不負

天子而弗為聖世之瘝官也然各私其身者罔致恤於民依各利

其家者莫究心於國事內而守令藩臬罔必有旬宣惠和愛

勤撫字之臣矣然而肥己瘠民營私蠹國以催科聚斂為能

以簿書期會為急者亦多有之也外而屯營督府罔必有激

懷鷹揚嚴明果毅之臣矣然而坐失機宜輕損威重隱跡斂

以為捷幸安靜以為福者亦恒有之也人臣咸若是則何以

成內修外攘之功而佐久安長治之業哉

陛下愛民之心容保如天地而諸臣不能宣
德意以弘康阜之猷
陛下遇亂之志果決如雷霆而諸臣不能奉揚
威命以茂廓清之烈是自負于堯舜周宣之主而有愧于唐虞
成周之臣多矣爰纘
聖訓終篇有曰兹欲使上下協慮政事具修兵足而寇患以除民
安而邦本以固災咎可弭困窮可復以繼虞周之治其何
道而可臣愚以為上者下之表也政事者臣之紀也足兵以
除寇將帥之責任也安民以固國守令之職業也災咎之有
繇困窮之復否皆由此出者也為
今日計莫先於任人尤莫要于擇人夫
國家分職命官衆矣即列郡專城遐陬僻壤莫不置吏盡未嘗

不任人也臣以為任之而未嘗也

國家舉賢斂才舊矣即銓司法曹明黜顯擢問有遺例盡未嘗不擇人也臣以為擇之而未精也任之而未當與擇之未精而欲得人以裨聖治是猶楩梓未充而需棟梁之乃樵蒸弗習而希稼穡之成臣知其弗能也故夫欲修內治者在慎擇守令而已矣欲平外患者在慎擇乎將帥而已矣董仲舒曰守令者民之師帥所使承流而宣化者也守令而不得其人雖日布蠲恤之令時歷惠鮮之恩民猶不被其澤也今也閫郡無文翁之化而漁獵民脂者接滙邑里無魯恭之風而朘削民膏者比肩以狼牧羊而暴政日聞以齒焚身而敗官弗恤郡縣之民幾何不流離而挺禍也必也精選任之法嚴舉劾之科其未任也試以經濟之略必求諳練民情通達治

体而不拘選用之途如唐之試理人策可也其既任也責以久任之功必使吏安其官民狎其政而不拘遷轉之格如漢之爲吏長子孫可也其任而獲效也優以格外之賞必旌之車服崇之階銜以彰卓異之勳如漢之爵至關內侯可也如是則有民有土之寄不輕數遷數易之弊可免而人知淬勵以期不負乎優渥之恩矣寧有守令失人之患哉孫武曰將者三軍之命國之重任不可不知也將帥而不得其人雖决策于

九重定計于千里猶未可以臨敵也今也訓練之律雖嚴而士無投石超距之勇衣糧之給如故而將無搴旗陷陣之能論賊鬨則縮頸而股栗鬪調遣則捲耳而曰噤邊圉之寇幾何不肆行而竊發也必也慎武舉之選嚴比試之條有洞識兵機

閑習邊務者材可任也則不拘以騎射之習如杜預以平吳可也有推鋒陷陣決勝先登者功可錄也則不繩以文法之細如赦魏尚於雲中可也有保障一方折衝萬里者權可假也則不牽以中制之命如委充國于金城可也如是則真材不恥于武弁良將不宥于約束而人得展布以自效夫捍禦之能矣奚有將帥失人之患哉有賢守令以宣德化於域中則政治畢舉而內有順治之休有名將帥以揚威靈於閫外則紀律章明而外有威嚴之烈由是民生樂安則邦本有磐石之固由是兵威日振則寇患無潰池之虞和氣交蒸乎海宇而災害不興頌聲流布於黔黎而囹圄以復尚何不足以成久安長治之業而追唐虞成周之盛哉抑臣又聞之

朝廷者四方之極也純心者用人之樞也惟

陛下常存敬一之心以端拱於上而已敬則存其心而不放一則
純乎理而不雜深宮燕閑之中而不忘乎知人安民之慮齋
居邃密之際而日嚴夫敬
太法
祖之恍則心正而朝廷百官皆一於正矣文武大吏有不奉承而
・守令將帥有不奮勵者哉臣不識忌諱干冒

己未科嘉靖三十八年

皇帝制曰朕恭承

上天明命君此華夷亦既有年矣夙夜持敬不敢怠忽一念在民

欲人人得所夫何與我共理者彼各一心皆承見以我心而

是體百務惟欺君以欺

天害民亦害物彼常言之者後盦背而棄之夫大學之道專以用

人理財為急用得其人政自治財理得宜用自足所人不我

用而代理之責豈我獨能即若欲開人得用財日理以至治

僉刑平華尊夷道久安之計何道可臻爾多士其言之必盡

所懷焉

臣丁士美

臣對臣聞帝王之致治也必君臣交儆而後可以底德業之

[illegible]人臣自靖而後可以盡代理之責何者天地之大德曰生而其所欲生者莫甚於民故立之君以理之是君也者承天之命者也當以天之心為心者也聖人之大寶曰位而所以守位者當要於得民故設之臣以分理之是臣也者承君之命者也當以君之心為心者也君以天之心為心則有純天之心憲天之政宗子之責盡矣臣以君之心為心則事君如事天事君如事親家相之責塞矣是故君責任乎臣臣責難於君是謂交儆交相得而益章泰道之所以成也志存乎立功事專乎報主是謂自靖君得臣而化行理道之所以永也然則一心一德君臣固當共成其休而自靖自獻人臣又可不自盡其心也抑帝王所以禮樂明備而天地官刑政肅清而人民服蒞中國而內順治撫四夷而外威嚴者胥此又

四二〇

徽之誠自靖之誼有以致之也恭惟
皇帝陛下禀剛健中正之資合天地陰陽之德際中興極治之會
成明聖作述之能至道起於元始而靈貺昭祥精誠格於
重玄而休徵協應德教洋溢於域中威聲振揚於海外嘉靖萬邦
迄今三十又八載矣臣竊伏草茅霑被
治化何幸闓於天覆地載之中而遊於鳶飛魚躍之境也乃今
萬幾之暇進臣等於
廷
俯賜清問首言夙夜祗畏之心次言臣工欺慢之失終及用人理
財之道久安長治之方臣有以仰窺
陛下之心視民如傷之心望道未見之心也敢不披瀝愚衷以對揚
休命于萬一耶臣聞之書曰惟天地萬民父母惟人萬物之靈亶

聰明作元后元后作民父母又曰惟皇上帝降衷於下民若有恒性克綏厥猷惟后盖言夫有父母斯民之心而不能以直遂也於是即億兆之中擇夫聰明之盡者而畀之以統一華夷之位焉是君也者上焉而有奉天之責也子道係焉敢不敬歟下焉而有子民之責也父道係焉可不勤歟天之與民其理一也敬之與勤其揆一也故明此於二帝其道隆矣然必曰欽若昊天必曰敬授人時也必曰勑天之命必曰食哉惟時也明此於三皇其治烈矣然必曰昭受上帝必曰下民昏墊也必曰顧諟明命必曰予惠困窮也必曰亦臨亦保必曰畢服即工也必曰恭天成命必曰大賚四海也若是者何居君道則然也故君必敬天勤民而後爲克君臣又聞之書曰明王奉若天道建邦設都樹后王君公承以大夫師長

不惟逸豫惟以治民禮曰惟王建國辨方正位体國經野設官分職以爲民極盖言君有父母斯民之心而不能自遂也於是即類聚之中擇夫賢才之俊者而與之以共理民物之責焉是臣也者上焉而有代終之義也爲上爲德敢或欺欤下焉而有長民之寄也爲下爲民可或害欤君之于民其禮一也忠君愛民其心一也故明此於舜禹其績昭矣然必曰熙載而亮工必曰柔遠能邇也必曰過門不入必曰敷土奠川也明此于稷契皋陶伊傅其職備矣然必曰樹藝五穀必曰徽敷五教也必曰思日贊襄必曰知人安民也必曰俾后尭舜必曰時予之辜也必曰以匡乃辟必曰以康兆民也若是者何居臣道則然也故臣必忠君愛民而后爲克臣三代而下英君誼辟代有作者而昏迷而怠棄而狎侮而盤遊者

比比也名卿碩輔亦不乏人而誣上而蠹國而慢君而賊民
者比比也則知唐虞三代之所以乂安長治者非其氣數之
適然也其君臣之交修交省其人臣之自靖自獻者有以致
之也後世之所以不能有唐虞三代之治者亦非其氣數之
適然也其君臣之以逸以豫其人臣之自私自利者有以致
之也仰惟
陛下仁孝之德上通於天樂利之休磅礴於地
臨御以來
德政之洋溢囿不能以殫述而敬
天勤民又為先務之急者焉觀諸
欽天有紀煥發昭事之忱
大報有歌不替祗沓之敬以至因星變而

勑諭凶水旱而責躬寅奉之心徹顯微而無間其敬

天也何如其至也殆與堯之欽天舜之勑天禹之昭受湯之自責

文之臨保武之恭承一而已矣

無逸有殷兢念小民之依

豳風有亭昭示力本之故以至發

内帑以賑民窮減貢獻以節民力惠恤之念含遐邇而咸然其

勤民也何如其切也殆與堯之則天舜之好生禹之盡力湯

之子惠文之如傷武之若保一而已矣然

陛下敬

天之心實已至而臣之奉承

德意者每不能精白以承休

陛下勤民之心何其殷而臣之承流宣化者每不能忠誠以仰副

其在
朝廷輦轂固必有竭忠秉義之臣矣而違上所命誣上行私者未必其盡無也其在百司庶府固必有效忠宣力之臣矣而靜言庸違道於譽者未必其盡無也其在內臺司諫固必有匡救啓沃之臣矣而阿意順旨容悅面從者未必其盡無也其在藩臬守令固必有旬宣惠和之臣矣而尸素叅望苟且塞責者未必其盡無也其在軍門督府固必有忠勇致身之臣矣而懦怯僨事坐損國威者亦未必其盡無也又其甚者
上以欺於
君仰以欺於
天脆則害於民與則害於物誠有如
陛下之所言者甚伙

陛下以天之心爲心而諸臣不能以
陛下之心爲心也凡爾諸臣蚤夜以思各務自靖儼恪以圖之兢
業以承之敬其事而後其食毋私便其身圖家宰以掌邦治
也則曰吾黜陟必公司徒以掌邦計也則曰吾出納必允宗
伯以掌邦禮也則曰吾教化必修司馬以掌邦政也則曰吾
軍屬必恤司寇以掌邦禁也則曰吾不可以不得其情司空
以掌邦土也則曰吾不可以不興其利以沃君心以弼君違
而臺諫之自靖猶是也大法小廉百官修輔而自靖如一焉
則人各無負於心矣無負於心則有裨於民而能以君之心
爲心矣是人臣之自靖者始於一念之不欺終於有孚之盈
缶也其不能自靖者始之内以欺于心終之上以負天子也
有君如此寧忍負之耶伏讀

聖制曰大學之道專以用人理財爲急用得其人政自治財理得宜用自足吁人之不我用而代理之責豈我獨能耶臣以爲天道不言而品物亨歲功成者四時之吏五行之佐宣其氣也君道不勞而庶績凞治功成者公孤論道六卿率屬張其教也使舉代天理物之責而望

陛下以獨能是猶長養萬物甄陶萬類不必四時之生成五氣之翕散而望於穆之天道以獨運其化也不曰聖如堯舜而水土之平稼穡之教必有賴於禹稷之賢五教之弼山澤之烈必有得於臯陶伯益之儔耶臣又伏讀

聖制曰茲欲聞人得用財得理以至治安刑平華尊夷遁久安之計何道可臻且欲臣等有言之必盡也臣竊以爲用人有道務乎聰明之實而已矣何謂聰明之實精其選嚴其謂久其任

四二八

任而已矣是故精擇於未用之先如其道德經濟之無愧則雖沉淪草澤隆之久任可也古有說築傅岩而爰立作相者矣慎察於既用之後如其貪殘罷賂之用彰則必糾之正罰勿徇其譽言可也古有烹阿大夫而齊國大治者矣責成於考績之餘如其政績顯著則增祿進秩勿移其地可也古有爲京兆九年者爲郡守十年者或請久任或諫數易者矣如是而人之不我用者未之有也理財有道理其所以耗吾財者而已矣所謂理其耗者去三浮汰三盈審三計而已矣是故官浮於冗員也祿浮於冗食也用浮於冗費也此之謂三浮去浮以存約曾鞏之說可舉也賞盈於太濫也俗盈於太移也料盈於太趙也此之謂三盈酌盈以濟虛陸贄之說可來也有不終歲之計下也有數歲之計中也有萬世之計上

也是誠天不能使之災地不能使之貧盜賊不能使之困蠻
軾之上計可圖也如是而財之不理者未之有也然此固用
人理財之方也所以求端用力之地臣請探本盡言之焉孔
子曰為政在人取人以身言純心用賢之本也
今日之用人亦曰在
陛下之居敬而已矣居敬則明通由是而照臨百官將賢否不能
淆邪正不能眩也居敬則公溥由是而鼓舞群動將賞罰無
所私彰癉無所徇也以之而取賢斂財則臯陶稷契之在列
而善人為寶矣以之而黜伏慮明則共工驩兜之放遠而不
畜聚斂矣此又非用人之大本乎伊尹曰愼乃儉德惟懷永
圖言克儉為君道之大也
今日之理財亦曰在

陛下之崇儉而已矣崇儉則後宫無曳地之衣由是公卿[illegible]
之素勲戚有馬廖之風也崇儉則一人惜露臺之費由是百
官有羔羊之節兆民有蟋蟀之儉也自是而開財之源則生
之者衆為之者疾而有財有用矣自是而節財之流則食之
者寡用之者舒而以財發身矣此又非理財之大本乎本立
則末治上行則下效由是身帥天下而興讓興仁將治日益
矣大畏民志而使民無訟將刑日益乎正是內國而中國治
安將華日益尊蠻貊率俾而守在四夷將夷日益遠由是而
卜鼎於億年由是而傳世於萬葉聖神功化之極久安長治
之方要在本原之地加之意而已矣臣草茅狂瞽不識忌諱
干冒

[illegible]臣謹對